ぐんぐん正解が
わからなくなる!

アート思考ドリル

Shape your own answer with an Art Thinking Workbook!

若宮和男
Wakamiya Kazuo

実業之日本社

はじめに

「アート・シンキング」や「アート思考」という言葉を聞いたことはありますか？

簡単に言うと、新しい価値を生み出すために、アートをつくるように、芸術家のように考えよう、という思考法です。

たとえば、19世紀に活躍したオスカー・ワイルドという有名な作家は、こんなことを言っています。

「偉大な芸術家は物事をあるがままには決して見ない。もしそうしたのなら、芸術家ではなくなっているのだ」

芸術家は普通の人とはちょっとちがうモノの見方をします。芸術家のユニークな視点は、これまでになかったような、新しい発想を生む力を持っている。そんな力をもっと仕事や学びに生かそう！ということで、いまアート思考が注目されているのです。

でも、いったいどうしたら、芸術家のように考えられるのでしょう？
自分ならではのユニークな視点を持つことができるのでしょう？

わたしたちは、いつもの生活や仕事の中で、気づかぬうちに実は色んな当たり前や思い込みにしばられていたりします。そういうかたくなったアタマをマッサージして、やわらかく考えられるようにするのが、この本の狙いです。

この本には、12のワークが用意されています。アート思考のワーク、といってもアートを知らなければ解けないワークではありません。必要なのは、紙とペン。そしてあなたのアタマとカラダだけ。どれも簡単なワークなので構えずにリラックスして自分なりの答えを考えてみましょう。

ドリルを全部解いたら、ちょっと芸術家に近づけるかもしれません。

さあ、芸術家のように考える、アート思考の練習をはじめましょう。

CONTENTS

チェックイン

Check In

みなさんこんにちは！

さあ、『アート思考ドリル』ワークショップのはじまりです。

まず、紙とペンを用意しましょう。ペンは1色でも構いませんが、紙は書き直しのために何枚かあるといいですね。

はじめる前に、２つ注意があります。

ワークのパートは読むだけやアタマで考えるだけにせず、かならず紙に答

えを書いてから先に進んでください。なんて答えたらいいかわからない……、という問題があっても、空欄はNGです。

自信がなくてもかならず答えを書きましょう。

そしてもう1つのルールは、

楽しむこと。

ルールはこのたった2つだけです。

それではワークの前に、ウォーミングアップ。最初にみなさんに質問です。

1 **アートは好きですか？**

2 **「アート」と聞いてイメージする形容詞はなんですか？　3つ挙げてください。**

質問の答えをまずは紙に書いてみてください。

あっ、そこのあなた！　聞いたそばから紙に書く前にページをめくろうとしていますね？

「ドリル」で**大事なのは暗記ではなく練習**です。自分で解かないと力がつかないので、かならず自分のアタマで考えて解くのが大事。でも逆に言えばそれは、**やればやるほど力がつく**、ということでもあります。

だからかならず、１つずつ「自分なりの答え」を描いてから進んでください。その時、リラックスして自分なりの答えを楽しむことも忘れないでくださいね。

それではさっそく、ワークをはじめましょう。

WORK 01

2枚のカード

WORK 01

次のページのように、テーブルに青と白の2枚のカードがあります。青、白のカードはそれぞれどんな形をしているでしょうか?

紙に、青と白、2枚のカードそれぞれの形を描いてから次のページに進みましょう。

解説編

Commentary

あなたはどんな形のカードを描きましたか？
企業の研修やワークショップなどでこの問題を出すと、だいたい9割くらいの人が、次のページの①のように答えます。

ここには実は、2つの**思い込み**があります。

1つ目は、
(1)カードはたぶん、きれいな形をしている
という思い込みです。
青いカードはまん丸、白いカードは4つとも同じような角の丸い四角形。

①

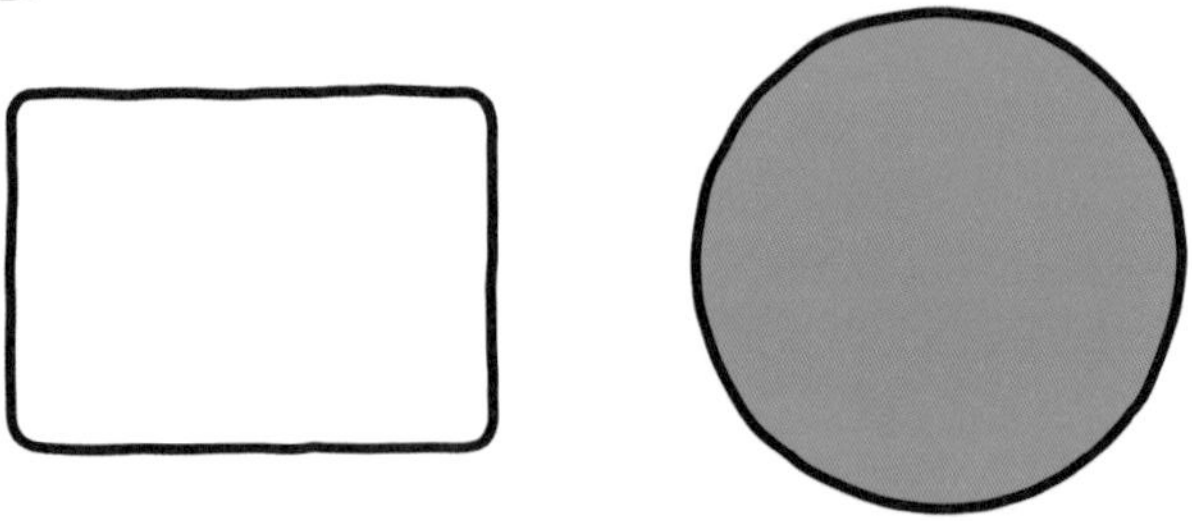

②

「対称図形」と言いますが、ひっくり返したり回転したりしても同じになるような形が人間は好きなのです。

なぜでしょうか？

脳科学の研究によると、そのほうが脳の負担が少ないから、という説があります。対称図形だと特徴をたくさん覚える必要がなく、1か所がわかれば他も同じと考えてよいので、複雑な形よりも脳の処理が楽なのです。逆にそういう共通点があまりない図形は、脳が「ちょっと面倒だな……」と思ってしまう、というわけです。

そこで、人はこのように一部を隠された図形を見ると、見えている部分の形から共通点を見つけ、隠れている部分も同じだろうと推測してしまいます（白いカードは他の3つの角が角丸だから残りも同じような角丸だろう、と推測します）。

しかし青いカードが上に載っている時、その下に隠された白いカードの形を正しく推測することはできないはずなのです（たとえばP13②のようにそこだけ全然ちがう変な形をしているかもしれません）。

でも、わざわざ変わった形を考える人は多くありません。他の3つの角が同じなのに1か所だけちがう形を考えるのは、脳により多く負荷がかかりますし、**想像力**が必要だからです。ほとんどの人にとっては①のような形を考えるほうが合理的に思えるのです。

もう1つは、

⑵青色のカードが上に載っている

という思い込みです。

これは形と色の比較によるものです。

まず、2つのカードを比べると、青いカードのほうがより整った形をして

います。少し専門的な言い方をすると、正円は角丸四角形よりも対称性が高いのです。すると、整っている形のほうはきっと全体が見えているのだろう、と多くの人は考えます。正円の青いカードが上に載っていて、逆に一部が欠けているように見える白いカードのほうが隠れていると考えるほうが自然に思えるのです。

次に、２つのカードの色を比べてみると、青のほうが濃い色です。２枚のカードのどちらかが重なっているとして、「濃い色が薄い色を隠している」のと「薄い色が濃い色を隠している」のなら、どちらが自然に思えるでしょうか？　隠すには濃い色のほうが適しているので、色を比べても、多くの人は、濃い色の青のカードが白いカードの上に載っている、という思い込みをしてしまうのです。

しかし実際には、青のカードが上だとは限りません。

たとえば次のページの③のように、どちらかが上に重なっているわけでは

③

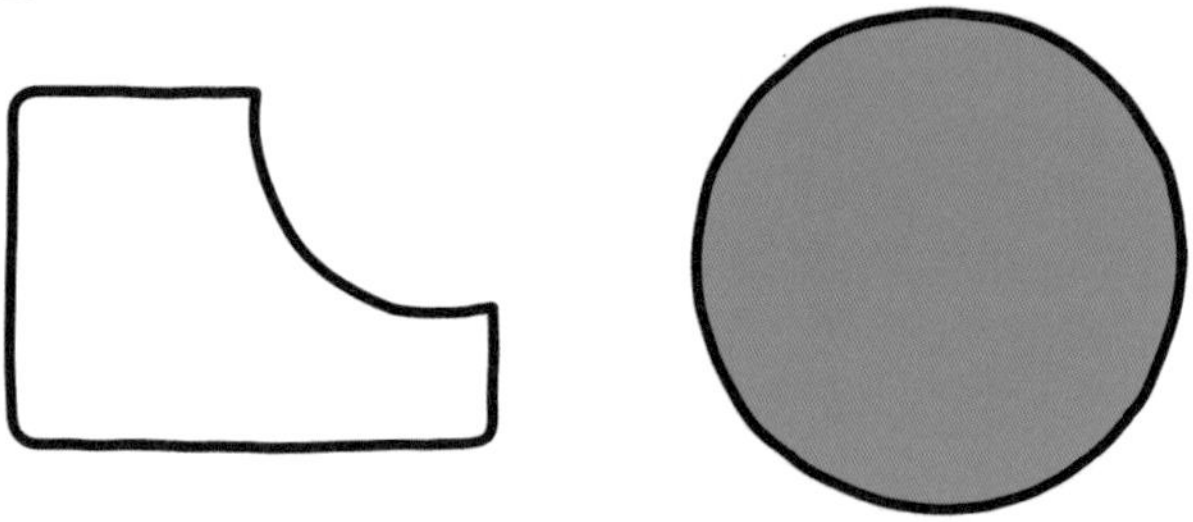

④

なく、パズルのように組み合わされている可能性もあります。

もしくは④のように位置関係が想像とはまったく逆で、白色のカードが上で、青色のほうが下に隠れているのかもしれません。

上下の位置関係を色々と考えてみると、さらに別の可能性もあります。

たとえば次のページの⑤のように青いカードが白いカードとは直接重なっておらず、だいぶ上に浮いているという可能性もあります。遠近法のせいで同じくらいに見えていますが、青い丸は本当はすごく小さいかもしれません。さらには⑥のように背景だと思っていたテーブルのほうが上で、くり抜かれたテーブルの下にカードがある可能性だってあるのです。

こんな風に、人は思った以上に「思い込み」と「当たり前」に縛られています。①〜⑥のように、色んな可能性があることを知ったあとで、ふたたびP20の図を見て、①〜⑥のそれぞれのパターンを想像してみましょう。

⑤

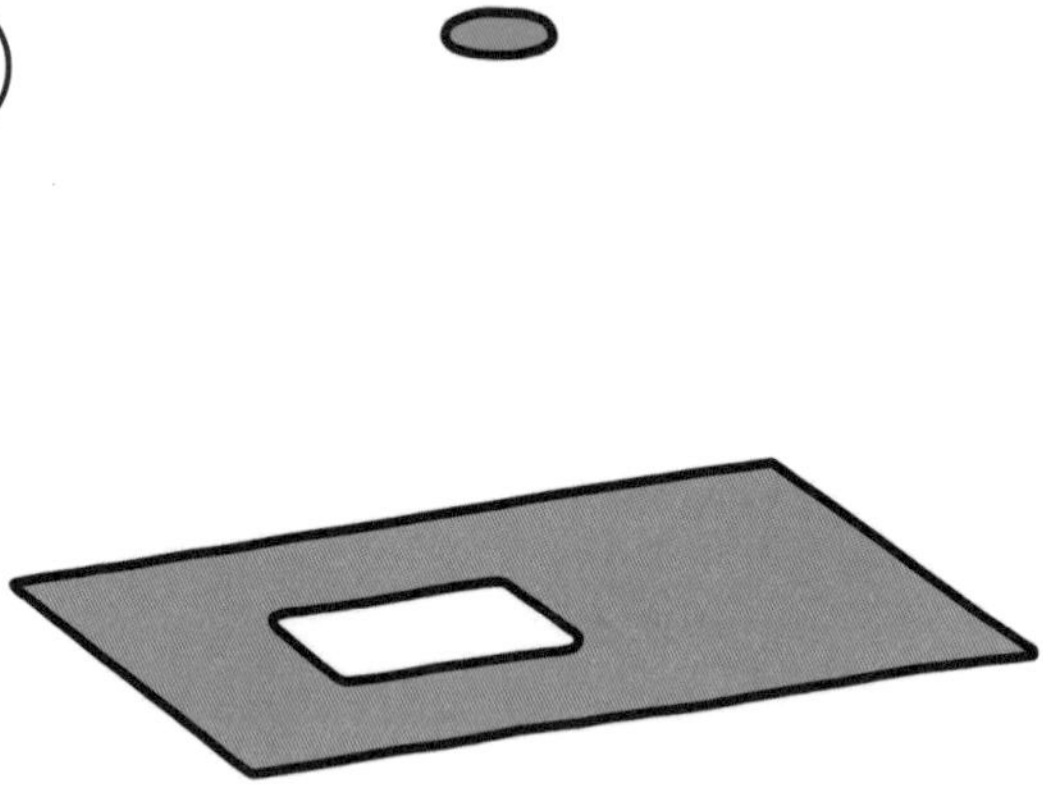

⑥

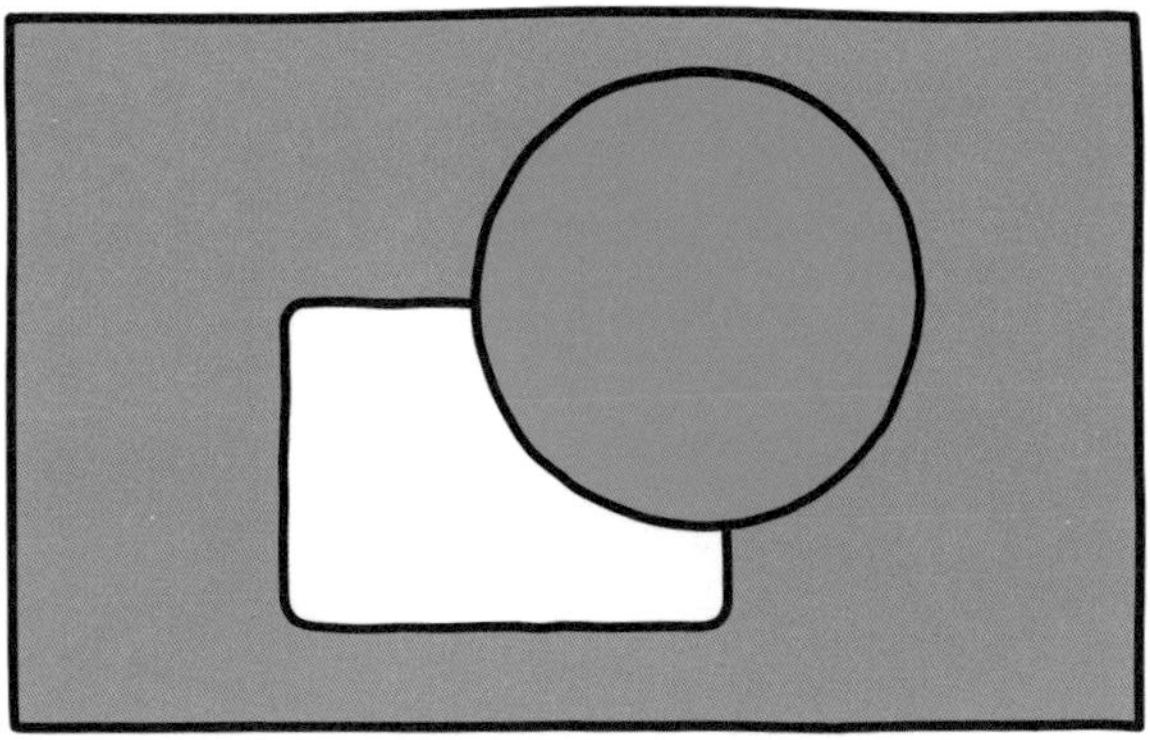

1つの図からまったく異なる状況がそれぞれちゃんと想像できることにびっくりしませんか？　そして想像のパターンを切り替える時、感覚が変化するような面白さを感じるはずです。

最初に見た時にはなんの疑いもなく、①にちがいないとワンパターンに考えてしまった簡単な図にも、実は色々な可能性があるのです。

「思い込み」や「当たり前」をはずすと、たった1つの絵からでも本当に色んな見方ができま

す。そしてそこに隠れている色々な可能性にどれだけ気づくことができるか、というのは「想像力」の問題です。

想像力がたくましい人は、物事を別の角度から見ることができます。想像力によって捉え方の可能性は無限に広がるのです。しかし、想像力の無限の可能性は、**日常ではほとんど、「思い込み」と「当たり前」にフタをされてしまっています。**

これはとてももったいないですよね。「アート・シンキング」はこのフタをはずして、想像力の翼を羽ばたかせます。

アート作品を通じて、わたしたちは芸術家の視点や想像力を体験することができ、芸術家の視点から見ることで世界の見方が変わってしまうことがあります。そんな風に視点を色々と切り替えながら、思い込みと当たり前を捨てて想像する訓練をたくさんしてみましょう。そうして想像力を鍛えていくと、芸術家のようにユニークな見方ができるようになっていくのです。

ルネ・マグリット

『大家族』

青空模様の鳥が暗い海の上を飛んでいるのでしょうか？　それとも、鳥の形に空に穴が空いているのでしょうか？　想像力を羽ばたかせてさまざまな見方をしてみましょう。

（1963年／宇都宮美術館蔵）

アート・シンキングのキーワード

01

「正解がない」

ロジカル・シンキングやデザイン・シンキングがどこかにある「正解」を目指すのに対して、アート・シンキングは「正解がない」ということをむしろ肯定的に捉えます。世の中の「正解」の多くは思い込みや思考停止の兆候かもしれないからです。

「正解がない」というのは不安なことでもありますが、正解がないからこそ、自分だけのwork（仕事、作品）を生み出すことができるのです。その無限の可能性をアート思考は大事にします。

現代はVUCA（Volatility不安定さ、Uncertainty不確実性、Complexity複雑性、Ambiguity曖昧さ）の時代と言われます。世界がますます見通せない時代になっているからこそ、一面的な「当たり前」のフタをはずして多様な可能性を考える想像力が求められています。

（『ハウ・トゥ・アート・シンキング』4章参照）

WORK 02

点を結ぼう

（1）点Aと点Bを結ぶ、最も「短い線」線を引きなさい。

（2）点Aと点Bを結ぶ、最も「長い線」線を引きなさい。

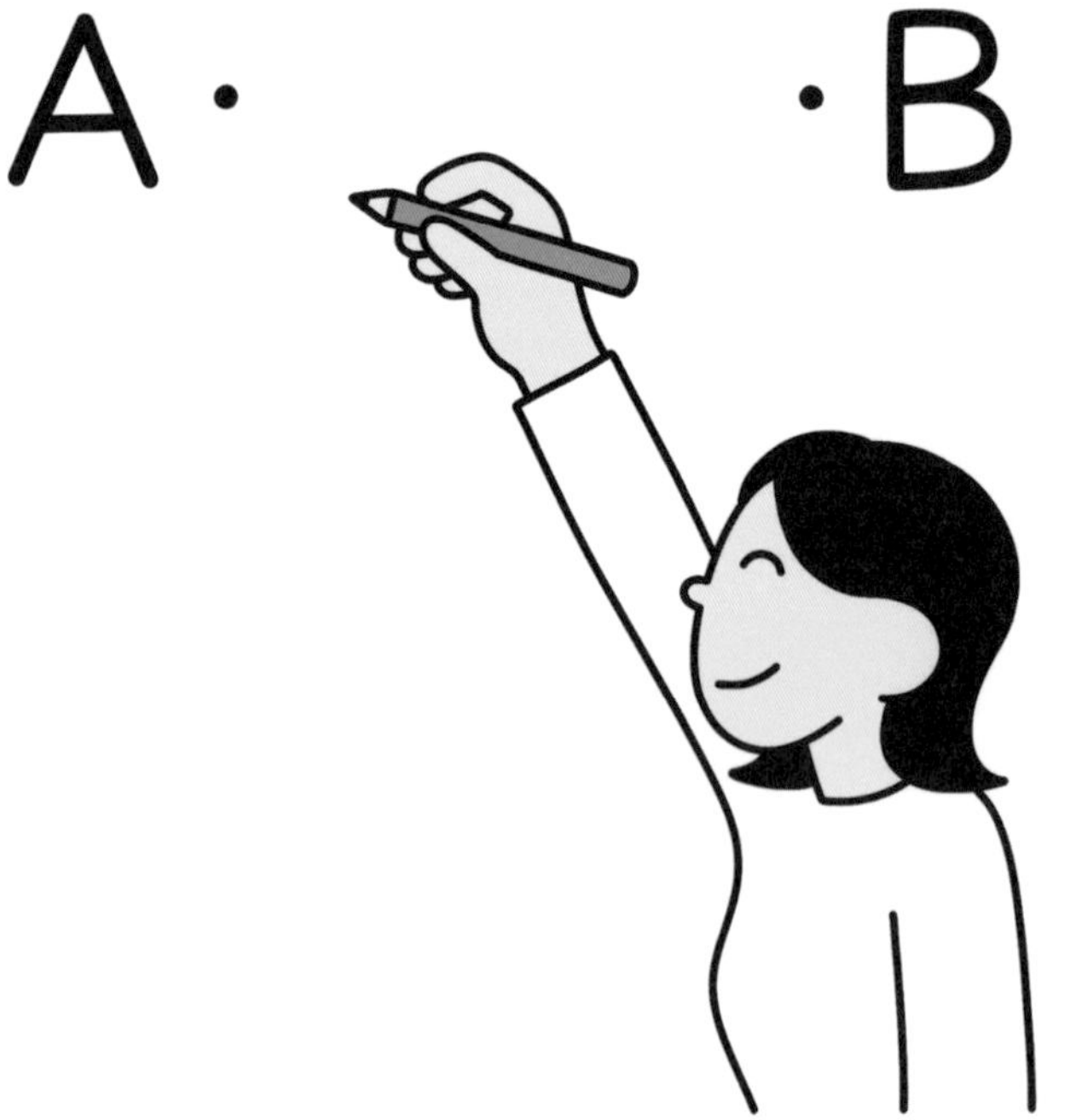

(1) (2) の答えだと思う線を紙にそれぞれ描いてから次のページに進みましょう。

解説編

Commentary

(1)はとても簡単な問題です。
おそらく多くの人が解けたのではないでしょうか？　そう、点Aと点Bを「直線」で結ぶと、２つの点を結ぶ「最も短い線」になります。
それでは(2)は解けたでしょうか？　変わったのはたった一言、〝短〟い→〝長〟いという部分だけです。たったそれだけですが、(1)よりはだいぶ難しかったのではないでしょうか。

実は、(2)の問題は「解けない問題」です。

(1) 点AとBを結ぶ、最も **短** い線を引きなさい。

(2) 点AとBを結ぶ、最も **長** い線を引きなさい。

なぜなら、「短い」は1つしかありませんが、「長い」は無限に伸ばしていけるので、「最も長い」という限界がないからです。

点Aと点Bを結ぶ「最も長い線を引きなさい」という問題には、**1つの決まった「正解」がそもそも存在しません。**

このように、1つの決まった答えが導けない問題を**「不良設定問題」**と呼びます。「不良」といっても「悪い」ということではなく、「消化不良」などと同じく、「不十分」というような意味です。そう、この問題が解けないのは、実は「問題のほうが十分ではないから」なのです。

問題自体がこのままでは「不良」なので、答えをなんとか出せるようにするには、さらに何か他の条件をつけ加える必要があります。

たとえば、「ただし、線は紙をはみ出さないこと」とか「先の太さは1ミリメートルとする」、「線は重なってはならない」など、もう少し限定的な条件

がないと解けないのです。

「そんなのずるい！」と思う人もいるかもしれません。「わざわざ答えられないような、あり得ない問題をつくるなんて！」という怒りの声も聞こえてきそうです。しかし、実はこれは、全然「あり得ない問題」ではないのです。

というのも、**実は世の中の問題のほとんどが「不良設定問題」**だからです。

たとえば、あなたが明日外出するとして、どんな天気になるでしょうか？もちろん、天気予報を参考にすれば、「たぶんこうじゃないか」という予測をすることはできます。しかし、本当に明日、天気予報どおりに雨が降るかは、やはり明日になってみないとわからないのです。

実はむしろ、学校やテストで出される問題のほうが特別で、わざわざ解けるようにつくられているのです。1つの正解が出るように、ちょうどよく条件を揃え、可能性を限定しているわけです。

実はいまＡＩ（人工知能）の研究で問題になっているのも、こうした「不良設定問題」をどう解くか、ということだったりします。

あまり意識していませんが実は、わたしたち人間の脳は生活の中で常にたくさんの「不良設定問題」にぶつかり、どうにかそれを解いています。しかし、ＡＩにとってはこれがなかなか難しいのです。

ＡＩが解けない問題を人間の脳がどうやって解いているかというと「ヒューリスティクス」と言って、過去の経験などをもとにざっくりと「こうだったらたぶんこう」という推測をしているのです。たとえば、「夕焼けの翌日は晴れる」とか「頭痛がしてせきが出れば風邪をひいている」とかいったような推測が「ヒューリスティクス」です。

しかし、これは厳密に言えば、「だいたいこうだろう」という予想でしかなく、「正解」が導き出せたわけではありません。科学の力をもってしても、結論として１つの答えが出せるとは限らないのです。たとえば、サイコロを何

万回も振れば、出た目の平均値はだいたい3・5に近づきますが、それでもなお、もう1回振ってどんな目が出るかということはやっぱりわかりません。

とはいってももちろん、「ヒューリスティクス」や科学が役に立たないとか、悪だとか言いたいわけではありません。それどころか、そういうものがなければ、わたしたちは何かを判断したり、行動したりすることができなくなってしまいます。

(2)の「最も長い線」の答えを描こうとして、手がぴたりと止まってしまった、という人も多いのではないでしょうか？　ちょうどその時と同じように、不良設定問題をマジメに解こうとすると、どうしたらいいかわからず足が止まり、立ちすくんでしまうことになりかねません。人間の脳はある意味では「いい加減」に、だいたいこう……と(不マジメに)決めつけるからこそ、不良設定問題が解けるわけです。

「ヒューリスティクス」や科学的な推論はとても役に立ちます。しかし忘

れてはいけないのは、それが**「あくまでだいたいで、ゼッタイではない」**ということです。本当は正解がない「不良設定問題」をだいたいで解いている、そういう**アイマイさこそが人間の才能**だとも言えます。

いや、「ヒューリスティクス」はだいたいかもしれないが、科学は実験でも真実を確かめているし、ゼッタイだろう、と言う人もいるかもしれません。しかし科学においても、ゼッタイの「正解」だと信じられていたことが、あとになって実はまちがっていた、とわかることはよくあります。

たとえば「天動説」はある時代までゼッタイの正解だと考えられていました。それに反して「地動説」を唱えたガリレオ・ガリレイは裁判にかけられ、誤りだと認めなければ死刑、とまで言われました。いまではそれが180度転換して地動説のほうが正しく、天動説がまちがっていた、ということになりましたが、まちがいで死刑にされてはたまったものではありませんね……。

「世の中のほとんどは『不良設定問題』であり、正解がない」

そう改めて言われると不安になってしまうかもしれません。現代は正解のないVUCAの時代とも言われますが、**そこに感じる不安は不良設定問題の不安**なのです。

しかし考え方を変えてみましょう。(2)の問題に無限の線の引き方があったように、「不良設定問題」は前向きに考えれば、実は**無限の可能性を秘めている**、という見方もできます。**そもそもたった1つの正解がないのなら、自分なりのやり方で「不良設定問題」を解いたっていい**のです。

芸術家たちは、こうした「不良設定問題」を「自分なりの仕方」で解くプロだと言えるかもしれません。

たとえば絵を描こうとカンバスに向かってみると、そこには点Aと点Bすらありません。まったく手がかりがないのです。作品をつくるということは(2)の問題よりもはるかに取っかかりがなく、無限の可能性の中で、「不良設定問題」をどうにか解きながら描き進んでいくことなのです。

無限の可能性は、不安であり怖い。しかし一方で、どう描いてもいい、という**自由こそがアートの面白さ**なのです。

もう1つ別の観点から「不良設定問題」を考えるために、追加の問題にチャレンジしてみましょう。

(3)点Aと点Bを結ぶ、最も「美し」い線を引きなさい。
(4)点Aと点Bを結ぶ、最も「赤」い線を引きなさい。

あなたならどんな線を引きますか？

このように、「最も美しい」とか「最も赤い」というような感覚的な問題も、「不良設定問題」です。

「最も美しい線」とはどんな線でしょうか？　すらっとした曲線でしょうか？　あるいは「最もかっこいい線」という問題ならどうでしょうか？　も

(3) 点AとBを結ぶ、最も **美し** い線を引きなさい。

A・　　　　　　・B

(4) 点AとBを結ぶ、最も **赤** い線を引きなさい。

A・　　　　　　・B

う少しシャキーンとした直線になるかもしれませんね。

しかし、どうしてその線が「美しい」とか「かっこいい」と言えるのでしょう？

「不良設定問題」を解く時に人間が「ヒューリスティクス」を使っているように、「美しさ」や「赤さ」などの感覚にはその人の経験が映し出されます。それは一人ひとり、その人が育った国や年齢によってもちがうでしょう。アートは「感覚的」と言われることも多いのですが、「感覚」もまた1つに定まらない「不良設定問題」だからこそ、むしろそこに「その人らしさ」が映し出されるのです。

芸術家であり、科学者でもあった天才、レオナルド・ダ・ヴィンチは、

「画家が絵の中に描くのは、自分自身にほかならない」

という言葉を残しています。

アートを生み出す時、芸術家はまず、「不良設定問題」の無限の可能性に向き合います。その上で、自分の経験や感覚（これは1つに定まる普遍的な「正解」のようなものではありません）を総動員しながら「解けない問題」をどうにか解いていきます。それこそが作品を「つくる」ということであり、その過程を通じて**芸術家は「自分らしさ」を発見していく**のです。

日常生活の中で人はほぼ自動的にヒューリスティクスを適用し、世界が不良設定問題であることを忘れて、さも論理的な正解のように物事を決めつけます。アート思考ではまずこのような決めつけを取り払い、「不良設定問題」として世界を見直します。どんな答えもあり得る世界だからこそ、その中に「自分らしい」線を描くことができるのです。

世界が「不良設定問題」であり、解けない問題であふれているからこそ、それを解く中で「自分」に出会える。これは裏を返すと、**不良設定問題を解**

こうとしなければ、「自分」に出会うことはできない、ということでもあります。

だから答えがわからなくても、不安でも何か描いてみるしかないのです。

正解はわからなくても、まずは何か線を描いてみましょう。その勇気があなたを芸術家に一歩、近づけてくれるはずです。

イヴ・クライン

『青のモノクローム』

イヴ・クラインはモノクロ（単色）での表現にこだわり、特に「インターナショナル・クライン・ブルー」と呼ばれるユニークな青を生み出しました。
イヴ・クラインは「最も青い」を追求した芸術家なのかもしれませんね。

（1959年／ヴァンアッペ市立美術館蔵／写真：Artothek/アフロ）

02

アート・シンキングのキーワード

「自分起点」

アート・シンキングは「自分」を起点にする思考法です。ビジネスの世界ではロジカル・シンキングが主流で、論理的な正解があったり、未来の予測ができるかのように思い込みがちですが、VUCAといわれる不確実な時代や、そもそも「不良設定問題」である世界においては、根拠のある唯一の正解はありません。

そんな時、どうやって答えを出していけばよいのでしょう。不良設定問題を解く時にヒューリスティクスを使っていたように、ヒントは「自分」の経験や価値観の中にあります。理屈では解けない問題やそもそも問題が与えられていない時、「偏愛」や「違和感」のような「自分ならでは」の視点こそが価値をつくり出す手がかりになるのです。

（『ハウ・トゥ・アート・シンキング』12章参照）

WORK 03

どんな「感じ」？

WORK 03

マグカップが1つ描かれています。このマグカップの中は空でしょうか？　何か飲み物が入っているのでしょうか？　入っているならそれはどんな飲み物でしょうか？

（1）マンガのように、以下のシーンを表す擬音語や擬態語を丸の中に入れてみましょう。

①熱々のいい香りのコーヒーが入っている

②喧嘩した恋人が飲み残して出ていった

（2）以下の擬態語が丸の中に入っているとしたら、マグカップがどんな状態にある時でしょうか？　考えてみましょう。

①にゅわにゅわ

②ピョターン

(1)、(2) それぞれのシーンを想像し、答えを書いてから次のページに進みましょう。

解説編

Commentary

今回のワークは、「五感」を使って考えるワークです。

日本を代表するすばらしいアートの1つであるマンガの中には、登場人物が話す言葉とは別に、音を表す言葉**(擬音語)**や様子を表す言葉**(擬態語)**がとてもたくさん出てきます。

マンガは基本的には平面であり、動かない静止画ですが、「コマ」と言われる絵の展開や擬音語、擬態語によって、動きや音やにおいなど、さまざまな身体感覚を紙の上に表すことができます。

これはよく考えてみれば結構すごいことで、絵や文字という視覚の情報の中に聴覚や嗅覚のような別の感覚を表し、まるで映画でも観ているかのように、五感で楽しむ体験を生み出しているのです。

擬音語や擬態語はそうした不思議な力を持っています。たとえば次のページのように「ホカァ〜」という言葉を入れれば、マグカップからはあたたかさが感じられます。逆に「シーン」という言葉を入れたらどうでしょう？まったく同じ絵でもたった一言で、マグカップの中身や感触が変わってしまいます。

「共感覚」という言葉がありますが、人間の五感はお互いに不思議なつながりを持っていて、感覚をまたいで色々な感覚を感じ取れるのです。

そして擬音語や擬態語のもう1つの特徴は、そこにアイマイさがあることです。他の感覚器で感じるものを翻訳しているので、ある感覚をどういう擬音語、擬態語にするか、そこにはゼッタイの正解がありません。

ホカァ〜
シーン

©荒木飛呂彦／集英社（ジャンプコミックス『ジョジョの奇妙な冒険 第1部』第2巻より）

たとえばこちらは荒木飛呂彦さんのマンガ『ジョジョの奇妙な冒険』の一コマですが、「メメタア」という、聞いたことがない擬音語（擬態語？）が書き込まれています。『ジョジョ〜』は擬音語や擬態語の使い方がとてもユニークで上手ですが、一般の人は擬音語や擬態語をつくり出す機会が滅多にないので、今回のワークもなかなか難しかったかもしれません。

擬音語や擬態語の決まりも、実はかなりアイマイなものです。犬の鳴き声は日本語では「ワ

ン」と表現しますが、英語では「バウワウ」、韓国語では「モンモン」になります。全然ちがいますよね。同じ音を聞いていても、それを言葉に変えると国によってまったくちがう擬音語、擬態語になってしまうわけです。

実は擬音語や擬態語だけでなく、マンガの表現も国や文化がちがうとまったく変わってしまいます。

たとえば『ちびまる子ちゃん』では主人公のまる子がショックを受けると顔に縦線が入ります。この表現を見慣れている日本人には、顔が青ざめているように見えますが、他の国の人からはフェイスペイントにしか見えないかもしれません。

もう1つのマンガ『パタリロ！』では足がたくさん描かれています。日本のマンガ表現に慣れている人は、このコマを見るだけで慌てて走り回っていることがわかるでしょうが、それを知らない人にとっては10本足のイカ人間に見えるでしょう。

© さくらプロダクション（集英社マスコットコミックス第４巻その25
『まる子ちゃん賞状をもらう』の巻より）

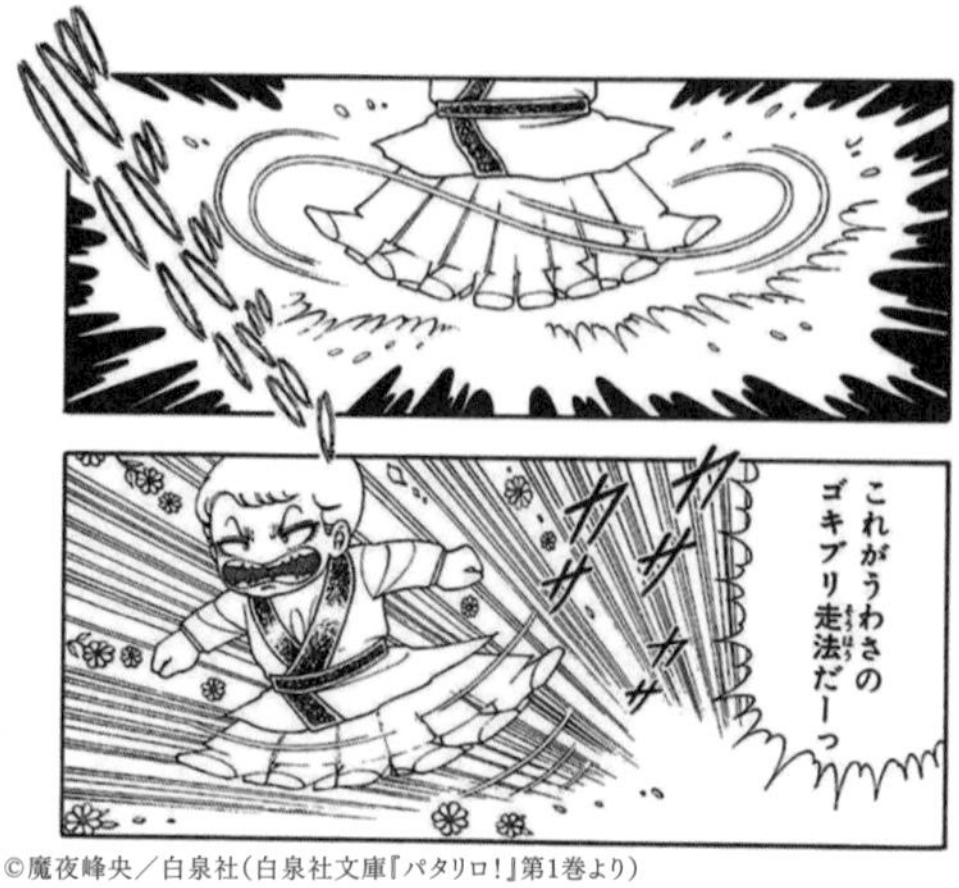

©魔夜峰央／白泉社（白泉社文庫『パタリロ！』第1巻より）

マンガはこうしたたくさんの工夫によって五感を視覚情報に翻訳して伝えます。しかし、翻訳にはかならずアイマイさがあり、そのルールはゼッタイのものでも世界共通のものでもないのです。

では、「共通のルール」がないのになぜ擬音語や擬態語で感覚を表し、他の人に伝えることができるのでしょう?

1つには、**習慣化**があります。他の言葉と同じく、他の人がみんなそう呼んでいる、と学習することで、あたかも感覚そのものを表す言葉だと感じるようになるわけです。「ねばねば」と言えば、日本人ならほぼ同じ感覚をイメージすることができるでしょう。納豆やガムのように粘着し、くっつくような状態を見た時に「ねばねば」と表現すると伝わる、と学習し習慣化することで感覚と言葉が結びつきます。ただし、実際に納豆の糸に耳をすましても「ね」や「ば」と聞こえるわけではありません。擬音語や擬態語は、感覚そのもののような気がしますが、実はただの習慣に過ぎず、必然的なつながりがあるわけではないのです。

では、先ほどの「メメタア」のように、「習慣」として定着していないものはどうでしょうか？　これまでに感じたことがない感覚や音、もともと決まった擬音語や擬態語を持たない新しい感覚を伝えたいと思うと、「習慣」の中には答えが見つかりません。

そういう時は自分の身体の感覚に立ち返り、なんとなく近いニュアンスの他の言葉のイメージや音の感じを組み合わせて、どうにか擬音語や擬態語を「つくり出す」しかありません。たとえば「カキクケコ」は金属などかたいものを叩いた時に似た高い周波数の音に合うとか、「はひふへほ」は風が抜けるようで柔らかそうとか、感覚との相性を手がかりにしながら、感覚を翻訳できる言葉を「つくる」のです（こうしてつくられた言葉はもはや論理的なものでも共通のものでもありません）。

アート思考は「詩」に近いところがあります。**「詩」の言葉は説明文に比べて共通的・一般的ではなく、個の身体感覚にひびいてくる**ものだからです。

たとえば、宮沢賢治の『やまなし』という童話は詩的な表現が特徴的ですが、その中に「クラムボンはかぷかぷ笑ったよ」という一節があります。この「クラムボン」も「かぷかぷ」も、何を表しているのかはっきりとはわかりません。それでも、この一節からは水中でぽこぽこと弾けるような、面白い感覚が伝わってきます。詩はしばしば**まだ呼び方のない新しい身体の感覚**を表すために、新しい擬音語や擬態語をつくり出すのです。

このように、擬音語や擬態語は身体の感覚に合わせて新しくつくられるものですが、それは実は擬態語や擬音語に限ったことではなく、すべての言葉に当てはまります。たとえばりんごは、どうして「りんご」という音で言い表されるのでしょうか？　いくらりんごを眺めてみても、それを要素に分解しても、形が「り」っぽいとか、下の凹んだところが「ご」っていう感じがするとか、そんなことはありませんよね。

いまでは共通言語である「りんご」という語も、りんごを見てはじめて「りんご」と呼んだ人にとってはほとんど擬態語と変わらなかったかもしれませ

ん。言葉がはじめて生まれる時にはまだ、正解や決まりはありません。はじめて生まれる言葉はすべて、もともとは擬態語や「詩」の言葉に似ているのです。

言葉ははじめ根拠なく生まれますが、だんだんとみんながそう呼ぶうち、習慣化しルールになって、りんごは「りんご」になります。そして一度そうなると、「りんご」と聞くだけでりんごを想像することができるようになるのです。

しかし、こうした一般語であっても、厳密に言えばその言葉が示す内実は人によって違います。「夕焼け」という言葉を聞いた時、それぞれの人が想像する夕焼けは、その人の経験や記憶によってちがうでしょう。「赤い服を着たおじいさん」という言葉でも、聞く人によって少しずつちがうイメージを持ち、そこには別々の世界が立ち上がるのです。

「論理的に」言葉で説明する時、わたしたちは言葉が確実であり、共通の

ものだと考えます。しかしこれまで見たように、言葉はそもそも、はじめて生まれる時にははっきりした決まりもなく、そのイメージも人によってバラバラな、**不安定なもの**なのです。

今回のワークでは、あえて擬音語や擬態語を使い、身体の感覚を表したり体感したりする練習をしてみました。言い慣れない言葉を生み出すのは、なかなか難しかったかもしれません。それをするには、自分の感覚を頼りにするしかなく、正解や他の誰かに頼れないからです。

正解を出そうとするのがクセになっていたり、みんなと「同じ」を求めがちな（少しアタマでっかちな）人ほどワークが難しかったのではないでしょうか？　反対にさらっとできた人は「正解」に囚われず、身体の感覚を信じることができる、より「アート思考」な人かもしれません。

ただし、この問題は才能を測るためのものではありません。

このワークをグループでやると、それぞれ全然ちがう答えが出てくるのですが、そのどれかが「正しい」とか「よい」とかいうことはまったくないのです。むしろ、みんなでやってみると「ちがっていい」ということがわかり、発想をより自由に、柔軟にするきっかけになります。

文学でもマンガでも絵画でも、**アートを楽しむには、想像力が大事**です。そしてより豊かに想像できるためには、身体の感覚にアクセスし、その記憶を呼び出す力が必要です。

どんなに言葉を勉強しても、美しい夕焼けを見て感動した経験がなければ、そこから感動や衝動を引き出すことはできません。「夕焼け」という言葉からどれくらい大きな感動を得られるかは、実は身体の感覚の豊かさにかかっているのです。

そして言葉は、どれだけ頑張っても身体の感覚を完全に伝えることはできません。

だからこそアートは、言葉を超えた感動を生み出します。言葉は完璧ではありません。**本当に新しい感覚や個人の体験を伝えるには、言葉はいつも足りない**のです。

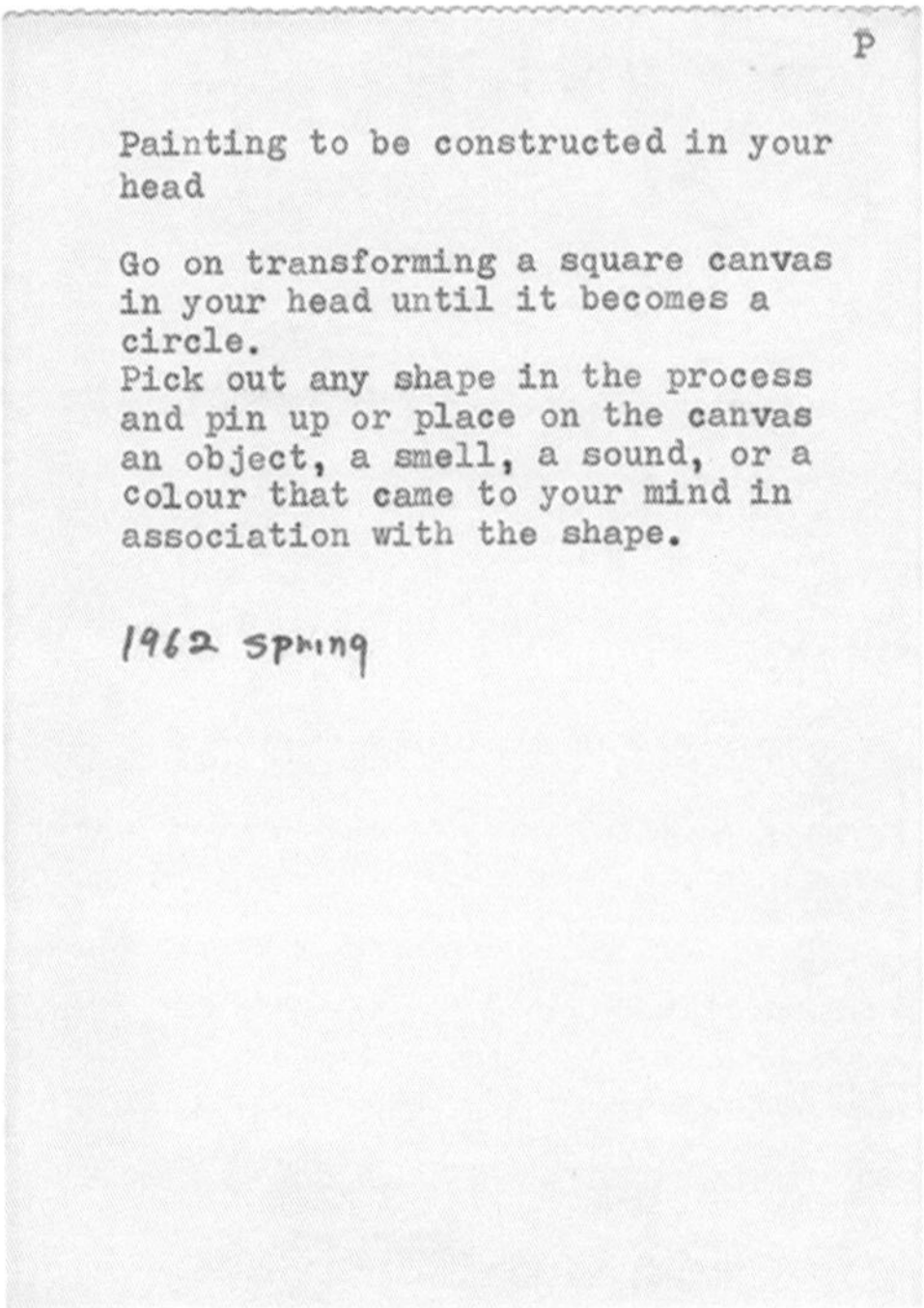
P

Painting to be constructed in your head

Go on transforming a square canvas in your head until it becomes a circle.
Pick out any shape in the process and pin up or place on the canvas an object, a smell, a sound, or a colour that came to your mind in association with the shape.

1962 spring

オノ・ヨーコ

『頭の中で組み立てる絵　その一』

「四角いカンバスが円になる迄頭の中で変型して行く。その過程に於けるあるところで止め、
その形から想起した色、音、にほひ、或ひは物体をカンバスに張って置く。」
カンバスに描かれた言葉から、あなたにはどんな絵が見えますか？

（2015年／個人蔵）©Yoko Ono

03

アート・シンキングのキーワード

「身体性」

美学者・佐々木健一の『美学辞典』で「想像力」の定義を引くと、“「想像力」とは身体に媒介されている限りでの精神の働き全般をいい、特に美的現象に関係する想像力は、物質＝身体の刺戟を受けて活性化され、より幅広く創造的に考える精神の働きである”とあります。

想像力も精神の働きですが、「身体」によって、身体を通して考えることが大事なのです。カラダの感覚を意識し、それを磨くことで想像力はより豊かになります。

とかくアタマだけで考えがちな現代ですが、だからこそアート思考では身体を重視します。色々なことを体験し、身体の感覚を磨くことが、理屈や言葉を超えたものを生み出す創造力の源になるのです。

(『ハウ・トゥ・アート・シンキング』13章参照)

WORK 04

楽譜で歌おう

下の楽譜はみんなが知っている、『かえるの合唱』のはじめの部分です。まずはこの楽譜どおりに鼻歌で歌ってみましょう。

その後、次のページの①～③の楽譜も同じように鼻歌で歌ってみてください。

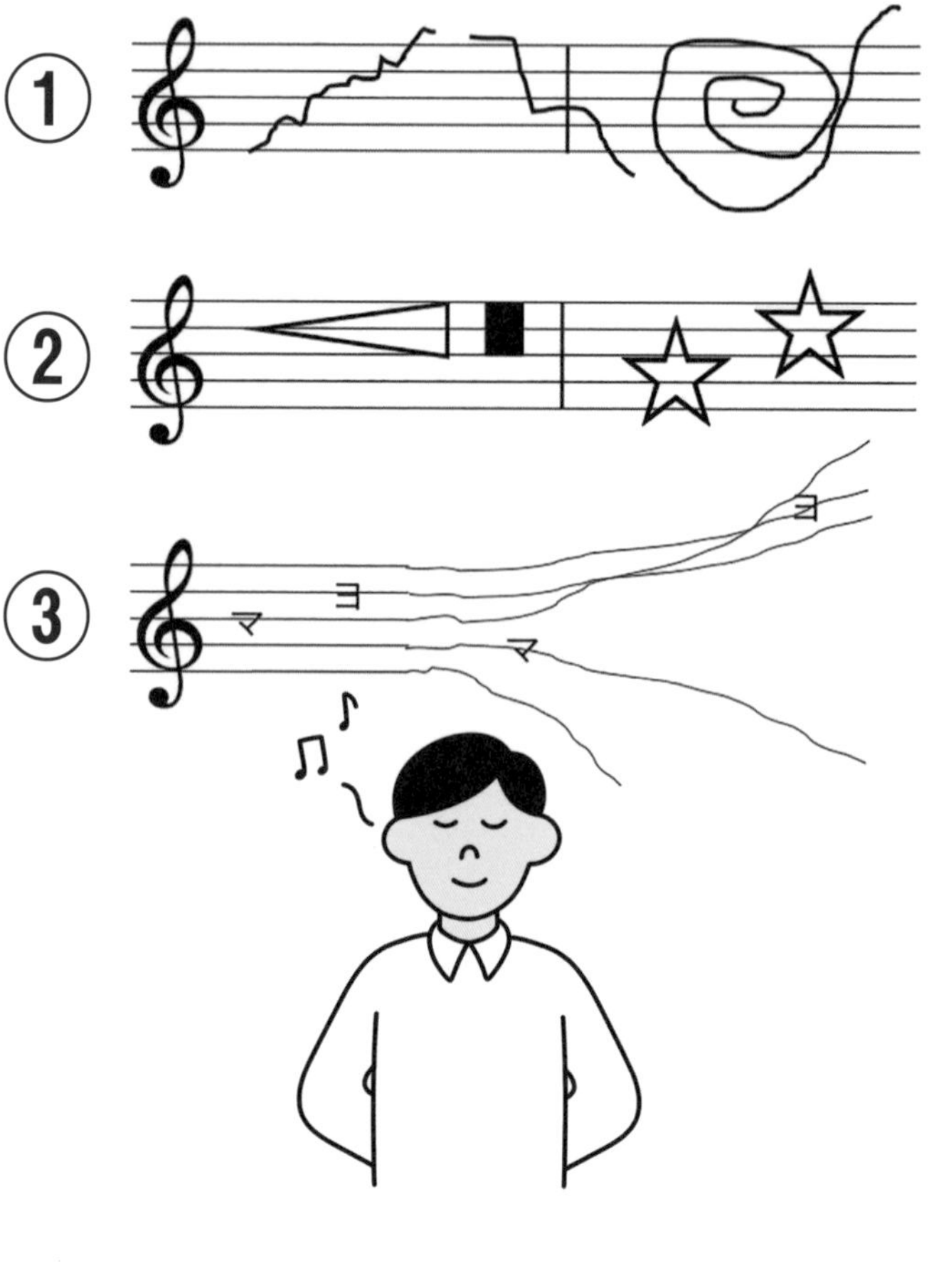

それぞれ歌ってみてから、次のページに進みましょう。

解説編

Commentary

それぞれの楽譜を歌ってみてどうでしたか？　「何この楽譜！　こんなのどう歌ったらいいかわからない！」と途方に暮れた人もいたかもしれません。

今回のワークは、音楽の「楽譜」の面白さを体験してみるものでした。小学校や中学校の音楽の授業でみなさんだいたい、楽譜の読み方を習いますよね。

ピアノや何か楽器の習い事をしたことがある人なら、「ちゃんと楽譜どおりに！」と注意された経験もあると思います。そういう経験があるとなんとなく「まず楽譜があって、そのとおりに演奏するのが音楽」という順番で考

えがちになってしまいます。

しかし実は、もとから音楽に楽譜があったわけではありません。最初にあったのは歌や音楽だけで、それを他の人に伝えたり、覚えておくために、あとから「楽譜」がつくられ、徐々にルールが整理されて細かくなっていったのです。

西洋でも600年頃にはまだ楽譜というものはなかったようで、イシドルスという神学者は「音を書き留めることはできない。だから、人が記憶していない限り、どんな音も消えてしまうだろう」と書いています。いまの楽譜の原型になるような最古の楽譜は9世紀頃になってやっと生まれたと言われているのです。

このように、「楽譜」はそもそもメインではなく、**あくまで「音楽」という「消えてしまう」ものを記すための手段**だったのです。

実は、楽譜には色々と問題もあります。ここでは、3つの問題を取り上げましょう。

1つは「楽譜では表せない音」もある、ということ。たとえば、楽譜は「音階」が決まっていますが、本当は音はそんな風に段階に分かれてはいません。たとえば、ドとレの間の音は「#」をつけて表せますが、本当はドとド#の間にも、またその間にも無限に音は存在します。しかし、楽譜にすると、そういう中間にある音など表せないような音、というのも出てきてしまうのです（実際、トルコの古典音楽では西洋音楽の音階を9分割した音が使われていて、これを五線譜では表せません）。

2つ目の問題は、音という「聴覚」の情報を楽譜という「視覚」の情報に写す、ということにあります。ちがう感覚をそのままに写し取ることはできませんから、どうしてもそこにはアイマイさが残ります。

そもそも別の感覚なので、たとえば「ぽわん」という音と「バリッ」とい

う音も、音符ではその違いが伝えづらいのです。それをなんとか表そうと「アクセント」や「スタッカート」のような色々な記号がつくられ、強弱を表す記号もつくられました。チャイコフスキーの交響曲第6番『悲愴』にはpppppp（なんと読むのでしょう?）という記号まで登場するそうですが、これが実際どれくらい小さい音の指示かはアイマイです。

あるいは、「水の入った容器と、空の容器を用意し、水を落としなさい」とだけ書かれているような楽譜もあります（ジョージ・ブレクト『ドリップ・ミュージック』）。これを演奏と言っていいかはわかりませんが、「音」の指示という意味で楽譜にはちがいありません。

また、音自体でなく楽曲の流れや雰囲気についても、「アンダンテ（歩くような速さで）」のように速さを示す「速度記号」や「エネルジコ（力強く）」のような表情を表す「発想記号」が書かれたりします。中には「精神を込めて」や「活気を持って、そして徹底的に感情と表現を持って」なんていう精神論みたいなものもあったりして（モーツァルトの楽譜に至っては「間抜け、元気を出

せ」なんて書かれていたという話も)、こうした楽譜では演奏者の捉え方次第で演奏がだいぶ変わってしまいそうです。

こうした問題があるので、**楽譜と音楽は実は一対一では対応しない**のです。そもそも、同じ楽譜を使っていても演奏者や指揮者によって色々な演奏があり、だからこそ名演奏家や名指揮者がいる、という事実が楽譜と音楽がイコールではないことの証拠なのですが、そこから3つ目の問題が出てきます。

3つ目の問題とは、もし楽譜と演奏がちがっていたら、そのどちらが「正しい」のか、という問題です。前に書いたとおり、もともとは音楽が先にあって、それを記録したり伝えたりするために楽譜がつくられたのですから、食い違いがあった時、どちらが大事かと言えば本来は音楽のはずです。

しかし、よく音楽の練習で「楽譜どおりに!」と叱られるように、むしろ一般には「楽譜のほうが正しい」とか「楽譜がメイン」という感覚のほうが強いのではないでしょうか?

実は、「楽譜のほうが正しい」とか「楽譜がメイン」という感覚は世界共通ではありません。そうした考え方はどちらかというと西洋的であり、たとえば日本の音楽や歌では、楽譜自体がだいぶアイマイなのです。

ワークの①の楽譜を見た時に、こんなアイマイな上がり下がりをどう歌えばいいの？と思った人もいるかもしれませんが、日本の古典音楽の楽譜ではむしろアイマイなほうが主流で、これを楽譜だけ見て「正しく」歌うのは難しそうです。

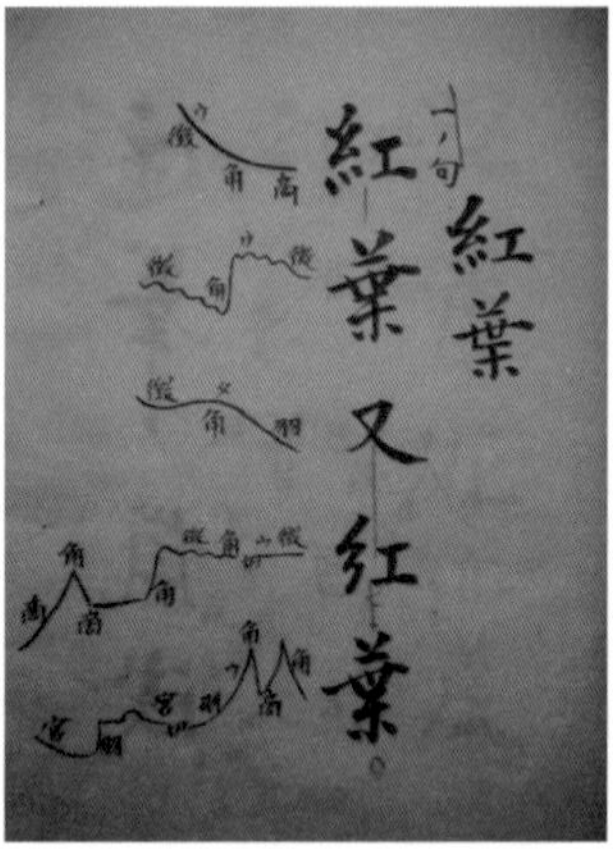

諸角芳三郎「写本『催馬楽 朗詠』」（写真：風船舎）

日本に限らず、西洋以外の国ではそもそもきちんとした楽譜がないこともあります。どうしているのかというと、楽譜ではなく、口承的に練習で伝えていくのです。歌って聴かせたり、

一緒に歌ったり、弾いて聴かせたりして伝えていくので、アイマイな楽譜でも大丈夫なのですね。先ほど見たように、楽譜はそもそもすべてを表現できるわけではないのですが、非西洋の音楽では楽譜に頼るところがより少なく直接生で伝えるほうがメインで、楽譜はあくまでそのための補助でしかありません。

よく考えてみると、いまの時代なら、動画とか録音で演奏をそのままに記録し伝えることができます。神学者イシドルスの時代とはちがい、「音楽そのもの」を記録することができますから、もはや楽譜はなくてもいいかもしれません。もしいま作曲家が曲をつくって演奏を録音し、楽譜も残したとして、そこに食い違いがあったらどちらを信じるべきでしょうか?

今回の楽譜のワークは、西洋の楽譜に慣れている人ほど「どうやって演奏したらいいの?」と戸惑ったはずです。楽譜を見れば決められた音がわかる、音楽は楽譜どおりに、と信じている人ほど、①〜③のように音の高さや長さがはっきりしない謎の楽譜をどう弾いたらいいのか、困ってしまったことで

しょう（逆に楽譜が読めない人にとってはどの楽譜も変わらないかもしれません）。

②や③になるともう落描きみたいで、ふざけているような気もしてきます。

しかし、実は大マジメにこういうことをやった音楽家がたくさんいます。その中でも一番有名なのは、ジョン・ケージという人ですが、「図形楽譜」といって、P72のような楽譜をつくっています。

この楽譜、いったい、どうやって演奏するのでしょう？

正確に音程を演奏するというより、楽譜から感じた印象や感覚にしたがって自由に演奏してもよいのでしょうか？　そしてそうだとすると、この楽譜から生まれる**音楽は演奏するたびにちがうものになってしまう**のではないでしょうか。

しかし、よく考えると、そもそも音楽とはそういうものではないでしょう

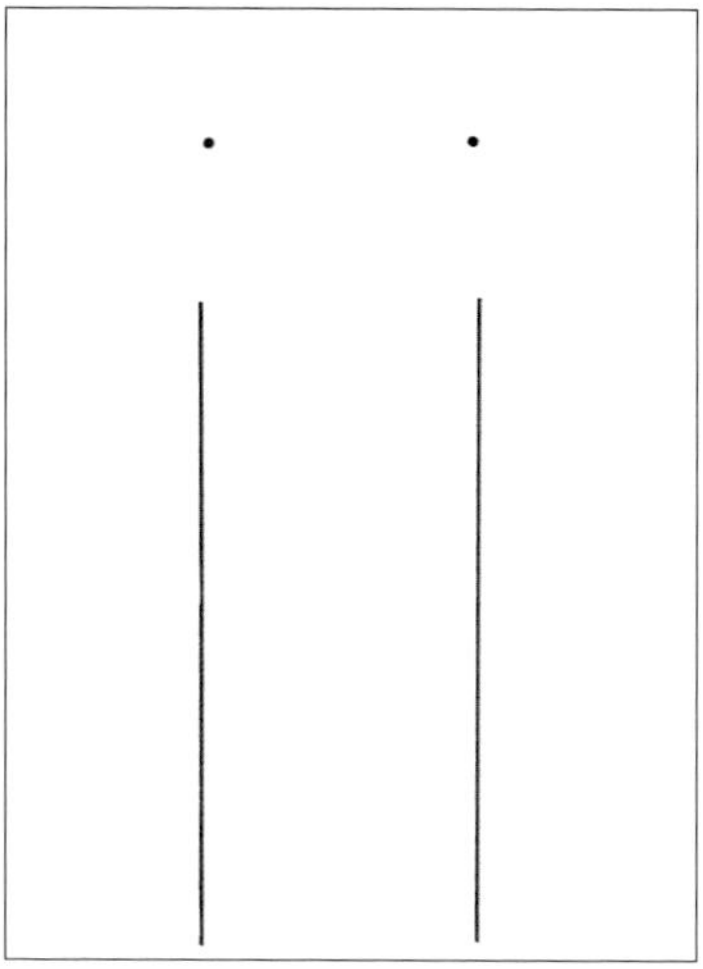

ジョン・ケージ
『ヴァリエーションズII』
©1961 by Henmar Press Inc. Used by permission of C.F.Peters Corporation.

か？　いくら細かく楽譜で指示をしても、楽譜だけでは決まらない「余白」が残ります。そしてどれだけ楽譜どおりに演奏しても、厳密には一回として同じ演奏はできません。万物流転を唱えた哲学者ヘラクレイトスが「誰も同じ川に二度入ることはできない」と言ったように、音楽は本質的にはたった一回のものです。

　しかし逆に言えば、だからこそ、音楽は楽しいのです。どんなに理想的な音質の録音があったとしても、ライブやコンサー

トの「生」の体験には音楽の本質的な喜びがあります。

脳科学者の茂木健一郎さんはジャズミュージシャンの山下洋輔さんとの対談でこう言っています。

「音の場合は、次に何の音がくるのかは原理的にわからないのです。つまり音楽は本来、絶対的に自由なんですよ。だって見えないんですから。ところが結局、楽譜を見て弾いてしまっているので、わたしたちは音楽の本当の自由さを、実は味わうことができていないのです」

「楽譜が正しい」と思い込み過ぎると、音楽は「音を楽しむ」ものではなく、ただただ楽譜どおりになぞる、窮屈で機械的な作業になってしまいかねません。ジョン・ケージは、わけがわからない図形楽譜を使い、あえて楽譜どおりには演奏できない音楽をつくることで、音楽の自由や可能性を取り戻したかったのかもしれませんね。

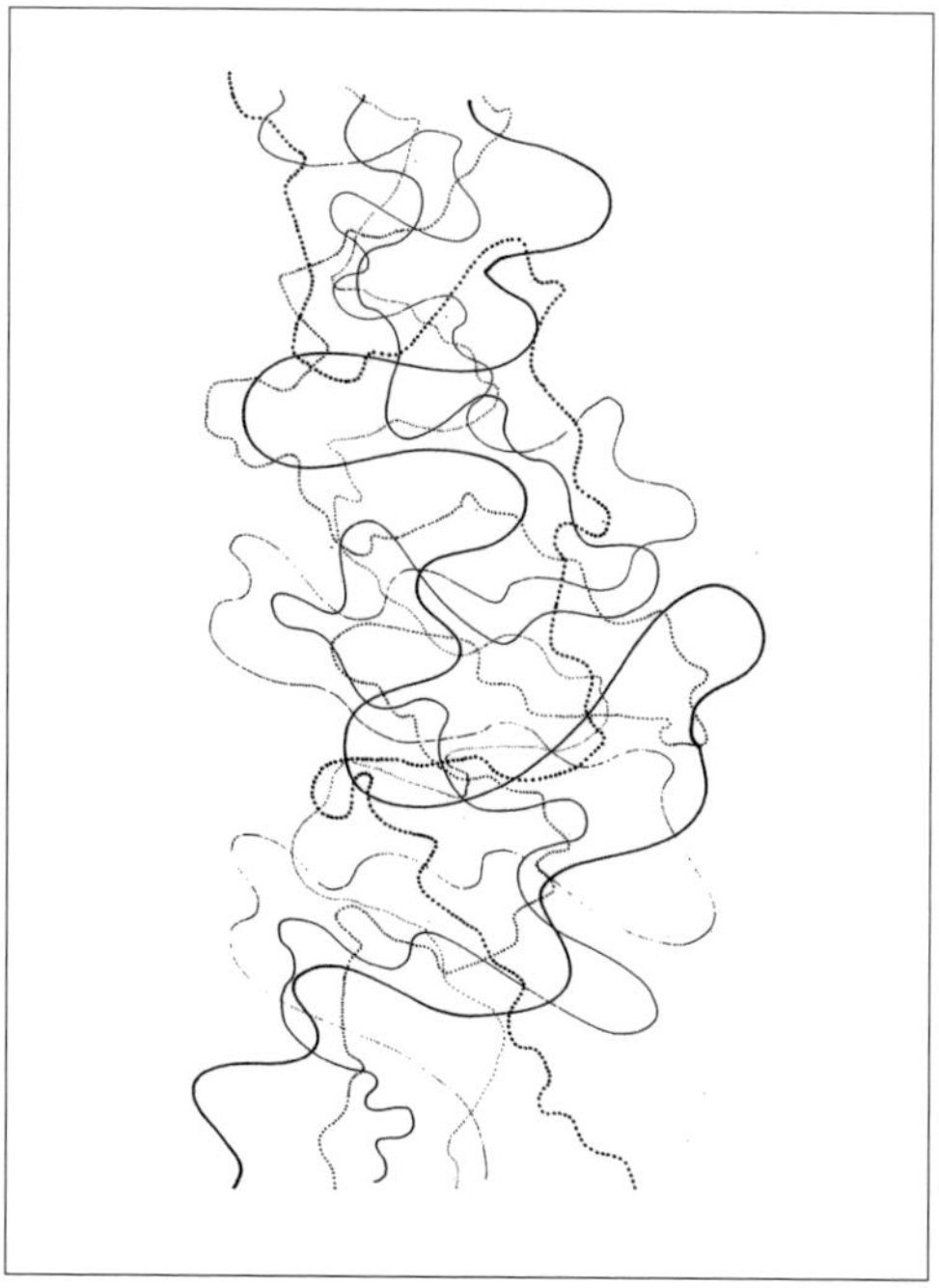

ジョン・ケージ

『フォンタナ・ミックス』

楽譜は普通左から右への一方向に流れますが、この楽譜では方向もはっきりせず、
音の高さもはっきりしません。どこから演奏しはじめてどこで終わるのかもよくわかりません。

©1960 by Henmar Press Inc. Used by permission of C.F.Peters Corporation.

04

アート・シンキングのキーワード

「余白」と「遊び」

アート思考では「余白」と「遊び」を大事にします。「余白」とは、楽譜には表せない音楽の要素のように、一意に定まらず自由度を持った部分のことです。こうした「余白」があることですべてが定形どおりではなく、偶然性や個性が入り込み、人によってちがうものが生み出されるのです。

ビジネスではこれまで、誰がやっても同じになる「再現性」が重視され、そのためのマニュアルがつくられるなど、「余白」があまりないほうがいいと思われていました。しかし、過度な楽譜信仰によって音楽が楽しくなくなるように、「余白」がないと「遊び」がなく窮屈になり、創造性がなくなってしまいます。「余白」や「遊び」は、一見非効率に思えますが、仕事を楽しくし、創造性を引き出すために不可欠なのです。

(『ハウ・トゥ・アート・シンキング』8章参照)

WORK 05

まちがいさがし

WORK 05

制限時間は３分です。タイマーで測りましょう。
左のページにはまちがいが1つあります。
時間内に見つけられるでしょうか?

まちがいを見つけられたか、3分経ったらページをめくって解説編に進みましょう。

解説編

Commentary

さて、まちがいは見つかりましたか？

左ページのいったいどこにまちがいがあったのでしょう？

イラストに何かまちがいを見つけた人はいるでしょうか？

普通、まちがいさがしは2枚のイラストのちがいをさがすものが多いので、みなさんはまずイラストを見比べたのではないでしょうか。しかし、実は2枚の絵はまったく同じものです。2枚のイラストには「ちがい」も「まちがい」もまったくありません。

では、どこがまちがいなのでしょうか？

ヒントは「イラスト以外」の部分です。まちがいを見つけられなかった人は前のページに戻ってイラスト以外の部分に注目してみてください。

まだまちがいが見つかりませんか？

ページの下のほうに注目してください。
そして、左右のページを何度も比べてみましょう。

わかりましたか？

そう、実は**「ページ番号」がまちがっていた**のです。これもまた、少し意地悪な問題でしたね。

わざわざ2枚のイラストが描かれているのですから、普通はイラストの中

にまちがいがあるものです（そもそもちがいがないなら同じ絵を2枚載せる必要もないはずです）。

先ほどの「イラスト以外の部分」というヒントで、テキストを一言一句入念に確認した人もいたかもしれません。それでも、「ページ番号のまちがい」にはなかなか気づけなかったのではないでしょうか？

今回のワークは、そんな風に**「見ているのに見えないもの」**、**「透明なもの」**の存在について気づくためのワークでした。

次のページの絵をご覧になったことはあるでしょうか？　P23にも登場したルネ・マグリットという有名な画家が描いた絵です。

パイプの絵の下に何か文字が書いてあります。なんと書いてあるのでしょうか？　フランス語で「これはパイプではない」と書かれています。

ルネ・マグリット『イメージの裏切り』（1929年／ロサンゼルス・カウンティ美術館蔵／写真：akg-images/アフロ）
©ADAGP,Paris & JASPAR,Tokyo,2021 G2457

パイプの絵の下に「これはパイプではない」と書かれている。何か変な感じがします。説明文としては「これはパイプである」と描かれているほうが自然にも思えますし、「え、パイプでしょ」と思った人もいるかもしれません。

しかし、マグリットの言葉は正しいのです。

なぜなら、これは「パイプの絵」であって、パイプそのものではないからです（この本では絵のコピーが印刷されているだけ

なので、正確にいうと「パイプの絵ですらない」のですが）。どんなに「これはパイプだ」と言い張る人がいても、この絵を実際に吸うことはできません。そう考えると、もし「これはパイプである」と書いたら嘘だということになってしまいます。マグリットはこう言っています。

「でも、私のこのパイプに、タバコを詰めることができるかね？　できやしない。これは単なる表現だよ、ちがうかね？　だから、もし私がこの絵に『これはパイプだ』と書き込んでいたら、私は嘘をついたことになったはずだ！」

「こんなのただの意地悪問題じゃないか！　アートは人をバカにすることなのか！」と怒り出す人もいそうです。マグリット自身、「かの有名なパイプ。こいつのおかげでどれだけ色んな連中から非難されてきたことだろうか！」と吐露しています。しかし、この作品はただ見る人をだます意地悪問題ではなく、たしかに「アートとしての意味」があるのです。

この絵のタイトルは『イメージの裏切り』といいます。

いったい何が「裏切り」なのでしょうか?

実は、西洋においては18世紀くらいまでの長い間、絵と言えば「より本物らしく」描くことが重要とされ、何かをリアルに再現することが目指されてきました。遠近法をはじめ、できるだけ見たとおりに描く技術が考案され、観光地にある「トリックアートミュージアム」で見るような、だまし絵のように本物そっくりな絵画もつくられました。

最初『イメージの裏切り』を見た時にそうだったように、わたしたちは絵画を見る時、**絵そのものではなく、それを通り越して「描かれているもの」**を見て取ります。りんごを描いた絵を見せて「これは何?」と聞けば、「りんご」という答えが返ってくるのが普通で、わざわざ「りんごの絵」と答える人は少ないでしょう。しかしもちろん、「りんごの絵」はりんごではありませんし、食べられません。哲学者プラトンが考えたように**アートは本物ではない**

ヤン・ファン・エイク『受胎告知の二連祭壇画』
（1433-1435年頃／ティッセン＝ボルネミッサ美術館蔵／写真：Directmedia Publishing）

のに本物に見せかけ混乱を引き起こす、真理からは遠いものだと言うこともできます。そういう意味では「裏切って」いるのはマグリットではなく、むしろ「絵のイメージ」のほうなのです。

マグリットの『イメージの裏切り』は、わたしたちが無反省に同一視していた、「イメージ」と「絵」の存在のちがいを告発するアートです。

しかし、イメージが実物とは別物であると気づかせてくれる

としても、そのことにどんなアート的な価値があるのでしょうか？　哲学的・心理学的には面白い指摘だとしても、なぜ「アートにとって価値がある」と言えるのでしょう？

それは、マグリットのこの告発によって、**絵画に新しい可能性が生まれた**からです。

長い間絵画は、基本的には「何かを再現するもの」でした。りんごのイメージを見て、それを「りんご」だと言う時、人はカンバスや絵の具のことは忘れて、「絵に描かれたもの」だけを見ています。これを「イリュージョン」と呼ぶこともありますが、右ページの絵のようにむしろ絵であることを忘れてしまうような絵がすばらしいとされていたのです。

でもそのことは同時に、絵画の価値に限界もつくっていました。

絵が「何か」を描くイリュージョンなら、「絵それ自体」はちょうど「透明な

窓」のようなものになります。こうした考えのもとでは、意味があるのはあくまで窓の向こうであり、絵自体にそれ以上の意味はありません。もしくは、それは「劣化コピー」のようなものです。絵のモデルが「本物」であり、絵はそれを真似しているだけ。絵はどこまでいっても「本物」以下の価値しかありません。

どちらにしても、絵が主役ではない、ということになってしまうわけです。

19世紀、技術の進歩によって、絵には強力なライバルが現れました。カメラです。本物そっくりであることが高い価値であるなら、絵は写真には勝てません。写真のほうがよっぽどそっくりですし、絵で描くよりもずっと早くそれができてしまいます。

マグリットの『イメージの裏切り』は、人々に、絵は「何かを再現する」ための窓でもコピーでもなく、「別もの」だということを気づかせたのです。それは同時に「透明」になっていた「絵そのもの」の存在や可能性に改めて目を

向けさせてくれるものでした。

アートにはこのように、人が「透明なもの」として見過ごしているものに改めて気づかせてくれる力があります。マグリットの絵は単なる意地悪問題や言葉遊びではなく、**見過ごされていた絵画という媒体自体が持つ質に意識を向けさせ、アート体験をより豊かにした**のです。

もう1つ例を挙げましょう。ルチオ・フォンタナという人の作品です。赤く塗られたカンバスに引っかかれたような傷がついています（P90）。

この作品のユニークなところは、「引っかき傷」が普通の絵画のように描かれているのではなく、実際にカンバスが切り裂かれているということです。

絵画だと思って近寄ってこの作品の実物を見ると、それまでの絵画鑑賞では味わったことのない体験をすることになります。それは、普通の絵画ではまったく意識されることがない「カンバス自体」をじっくり見る、という体

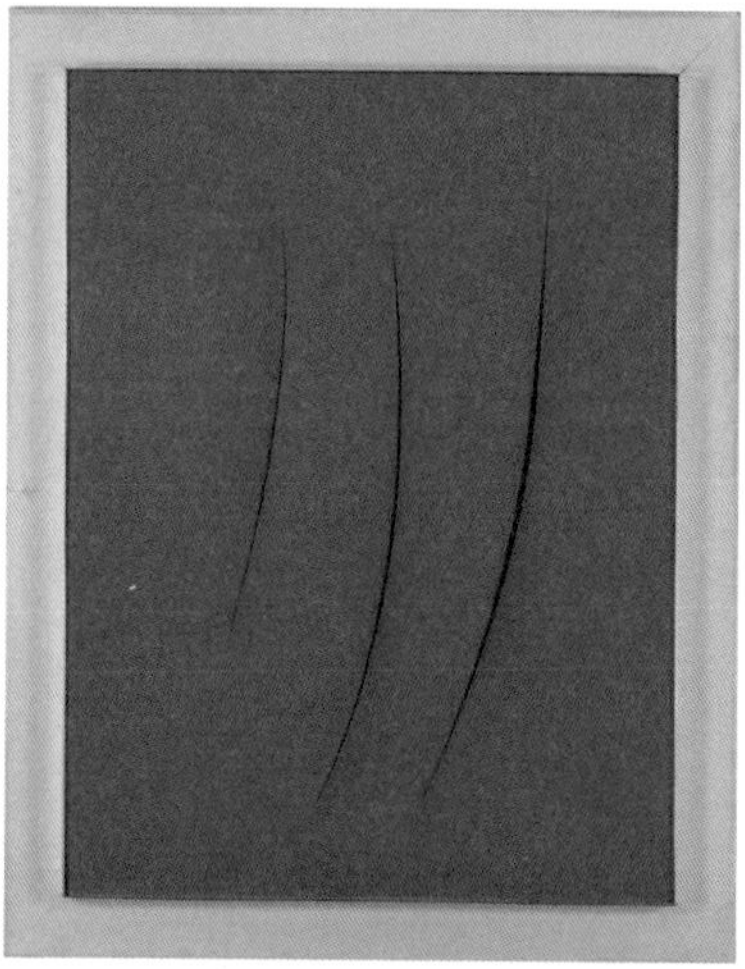

ルチオ・フォンタナ
『空間概念 期待』
（1961年／大原美術館蔵）

験です。

先ほどのマグリットの絵では、絵は「描かれたもの」ではない、そこにはパイプはない、あるのは絵画である、ということに気づかされましたが、より正確に言うなら、そこには「カンバス」があったのです。しかし、マグリットの絵を見ている時も、わたしたちは「カンバス」のことはまったく忘れてしまっていました。

フォンタナの絵（?）ではカンバスが切り裂かれていること

で、その存在が浮き彫りにされ、カンバスこそが作品の主役になっています。そう、フォンタナは、それまでは見過ごされていた「カンバス」という媒体を主題とした、新しい表現の可能性を開いたのです。

ここで改めて、今回のワークについて振り返ってみましょう。みなさんはどうして「ページ数のまちがい」を見つけることができなかったのでしょうか？　その理由はまさに「透明化」にあります。

(1) イラストに注目してしまう
(2) ページ番号は本の内容とは関係ないものとして見過ごしてしまう

たとえば何かが印刷された紙を渡されると、わたしたちは印刷された絵や文字などにだけ着目してしまいます。「図と地」という言い方もありますが、人は「図」だけを見て、地、つまり背景は「見ているようで見ていない」ので、今回のワークでも、イラストだけに意識がいくのは自然なことです。

イラストだけでなく、テキストの文字にまちがいがないかと注意してさがしたとしても、ページ番号まで意識できる人はほとんどいません。

なぜでしょうか？　「ページ番号」だって、他の文字と同じくはっきりと印刷されています。なのにどうしてページ番号は見過ごされてしまうのでしょうか？

それは「ページ番号」が「本の一部」として認識され、本という**媒体の中に埋没している**からです。

「本」にはある程度、決まった形があります。文や絵の周りに余白があり、さらにその外側にページ番号や章タイトルが載っているのが一般的な形式です。これはちょうど料理が盛りつけられたお皿のようなもので、料理である文や絵に対して、余白やページ番号は脇役でしかないのです。

大事なのは中身のほうですから、料理のあとにお皿まで食べようとする人

がいないように、読書をする時、本文のあとにわざわざページ番号まで読んでから次のページに進む人はいません。よく当たり前を疑うのは難しいと言いますが、今回の問題でも、「本の当たり前」にだまされて、ページ番号は関係ないと思い込んでしまったわけです。

マグリットやフォンタナでも、見過ごされていたのはまさにこの「お皿」でしたが、こうした「透明化」が起こるのは何も絵画だけのことではありません。メディウム（媒体）と言いますが、アートが何かを表現しようとする時、その表現を載せるための「お皿＝素材や手段」が絶対に必要です（絵画の絵の具やカンバス、彫刻ならブロンズや大理石の塊《マッス》、音楽なら空気や音が「メディウム」です）。しかしアートではしばしば「表現」や中身ばかり意識されて、メディウムはあまり意識されません。

たとえばダンスを見ている時にも、わたしたちはダンサーのカラダを見ているようで、実はあまりメディウム＝カラダ自体は見ていなかったりします。グループダンスなら、ダンサー同士の振りつけのタイミングが揃っているか

を見ていたり、バレエならターンやジャンプの優雅さや技術に注目する、というように。ですから、ダンスを見たあと、それぞれのダンサーのカラダの特徴や服装について聞かれると、あれほどじっくり見ていたのに驚くほど答えられなかったりします。

絵画の「メディウム」であるカンバスや絵の具のことを忘れていたように、ダンスのメディウムであるカラダを「透明なもの」として、見過ごしてしまっているのです。

舞踏家・土方巽《ひじかたたつみ》は、振りつけのある一般的なダンスではなく、「舞踏」という新しい踊りを生み出しました。カラダを奇妙な格好に動かしたり、ゆっくりとすり足で動いたりと、いわゆるダンスらしい、リズムに合わせた振りつけをしないことで、カラダ自体を主役にしたのです（たとえるなら、料理をなくすことで、料理の脇役になってしまっていた「お皿の魅力」に気づかせようとした、という感じかもしれません）。

「身体には身体の命があるでしょ、心だって持っている」（土方巽）

もう1つ例を出しましょう。茶の湯を大成した千利休はお茶の席で花入を飾る際に、「花入れずに水ばかり」の状態で飾ったという記録があります。普通は花を入れるための道具に「花入れずに」飾るという前代未聞の仕掛けも、透明化していた「お皿の魅力」に気づかせる利休ならではのアートだったと言えるでしょう。

今回のワークで体験したように、わたしたちは見ているようでも、たくさんのことを見過ごしています。特に、内容や表現が載っている時にはそちらに気を取られて、「メディウム」や「地」を見過ごしがちです。マグリットやフォンタナのアートは、こうした「透明なもの」の魅力に改めて目を向けさせてくれます。

こうしたアートに出会うことで、人は「透明なもの」への視線を身につけ、日頃見過ごしていた景色やものに目を止め、気づけるようになります。

見ているようでどれだけ何も見ていなかったか、何もないと思っていたところにどんな魅力や価値があったのか。アートは世界を改めて見直す機会を与えてくれます。

何かをつけ足したりつくり変えたりしなくても、世界は変えることができます。**アートは、ついさっきまで見ていたのと同じ世界を、生き生きとしたカラフルなものに変える力を持っている**のです。

芸術家のように世界を見る、とは、普通の人が見過ごしている世界の価値を見つけられることかもしれません。

最後に1曲、音楽を演奏してみましょう。楽器なんかできなくても心配いりません。これはどんな人でも演奏できる曲です。

P97がその楽譜です。さあどんな音楽か、演奏して聴いてみましょう。

I	第1楽章
TACET	休止
II	第2楽章
TACET	休止
III	第3楽章
TACET	休止

ジョン・ケージ

『4分33秒』

あなたにはいまどんな音楽が聴こえていますか？　楽譜には音符もなく曲もありません。
しかし音楽はたしかにあるのです。それに気づくことができれば。

©1960 by Henmar Press Inc. Used by permission of C.F.Peters Corporation.

アート・シンキングのキーワード

05

「異化」と「技術」

ありふれた日常の中で「透明」になっているものに気づかせるアートの力を「異化」と言います。アートは異化の力によってありふれた日常に新しい価値の発見をもたらし、世界の見方を変えてくれます。

会社での仕事や生活においても、わたしたちは実は多くのことを見過ごしながら生きています。それに気づく訓練をすることは、当たり前を疑い、誰もが見過ごしがちな新たなアイディアに気づく力を養います。

また、アートは「技術」の新しい使い方を見つけることでもあります。カンバスを塗るのではなく切り裂くことでアートができたり、言葉をあえて伝わりづらいように使うことで詩が生まれたりします。合目的的なだけではない使い方をすることでアートは技術の新しい可能性をわたしたちに教えてくれるのです。

（『ハウ・トゥ・アート・シンキング』3章、16章参照）

WORK 06

絵画か彫刻か、それが問題だ

WORK 06

あなたは美術館の学芸員（キュレーター）です。

展示会が近くなり、色々なアーティストから作品が送られてきました。今回の展覧会は、絵画と彫刻の美術展です。

あなたは展示のために届いた作品を「絵画の部」と「彫刻の部」のどちらかに分けないといけません。次のページの①～④の作品を、あなたならどちらに展示しますか?

・「絵画の部」に展示するもの　（　　　　　）
・「彫刻の部」に展示するもの　（　　　　　）

①カンバスのへりに
絵を描いた作品

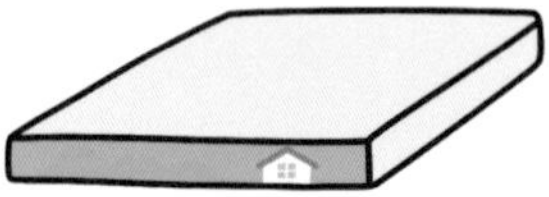

②5枚のカンバスを
積み上げて接着した作品

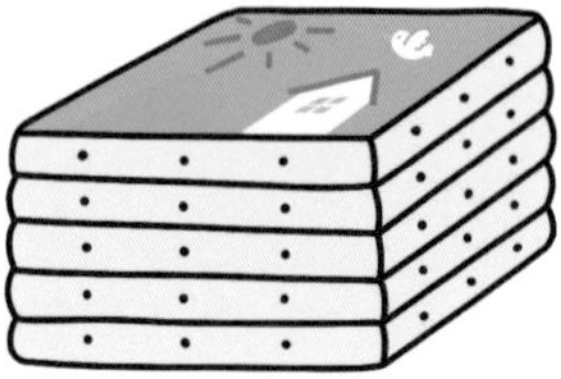

③カンバスの上に絵の具で
家の形をつくった作品

④近づくと鳥の声がする
鳥が描かれた作品

分類し終わったら次のページに進みましょう。

解説編

Commentary

アートには色々なジャンルがあります。絵画、彫刻、音楽、文学、演劇、ダンス、建築……。

ではジャンル分けはそもそもどのようにされているのでしょうか？

色々なジャンル分けの仕方を見てみましょう。

⑴メディウムで分ける

たとえば絵の具とカンバスでつくられたものは絵画、石や金属・粘土など塊でつくられたものは彫刻、音を使った作品なら音楽、言葉でできていたら文学、というような感じです。

この分け方によれば、①〜④の作品はすべてカンバスと絵の具でつくられているので、「絵画の部」に展示することになるでしょう。

(2) 次元で分ける

次に「何でできているか」ではなく、「作品の次元」で分ける、という分け方もあります。次元とはどういうことかというと、たとえば絵画なら「平面作品」とも言われるように平面上に作品がつくられ、見る人は2次元で作品を鑑賞します。一方、彫刻や建築は平面ではなく、「3次元」の立体作品です。

この分け方によると、ジャンルは少し変わってしまいそうです。①の絵が描かれている部分は2次元の平面なので、「絵」だけを楽しむなら「絵画」と呼ぶべきでしょう。ただ、絵画作品は普通、壁にかけて展示しますが、①はカンバスの側面に絵が描かれているので、絵が見えるように展示すると壁から板が飛び出したような、かなり立体的（そして邪魔）な展示になりそうです。では床に置いて展示したらどうでしょうか？　絵画は普通、床に置かれないので、その展示の仕方ではへりの「絵」に気づいてもらえないかもしれません。

②も、もともとはそれぞれ平面に描かれた絵画です。これが1枚のカンバスの作品ならまちがいなく「絵画」です。しかし、わざわざそれが重ねて接着されているとどうでしょうか？　そもそも、下になっているカンバスの絵は見ることすらできません。するとこの作品は、平面の絵を楽しむというより、立体として楽しむものとしたほうがいいのかもしれません。

③のように、絵の具を使っていながら「立体」になっているものはどうでしょうか？「3次元的に作品を味わう作品は彫刻」だとしたら、メディウムとしては絵画であるにもかかわらず、これは彫刻だということになるはずです。

実際、水戸部七絵さんの『DEPTH』のような作品は明らかに塊《マッス》を楽しむもののように見えます。

ただ、ここで少し厄介な問題が生じます。もし、「カンバスの上に絵の具で作られた作品でも立体なら彫刻だ」と言うなら、たとえばゴッホの絵はど

水戸部七絵『DEPTH』(2016年／写真：Atsushi Yoshimine)

うでしょうか？

ゴッホの絵は、遠くから見ると平面のようですが、実際に間近で見ると絵の具がかなり大胆に厚塗りされていて、強い凹凸があります。有名な『ひまわり』では花びら一枚一枚が画面から浮き出しているようです。厚く塗ると乾きにくいのにわざわざ絵の具を塗っているわけですが、そのことによって絵に力強さが生まれています。

実際、新宿のSOMPO美術館の入口には、〝触れるひ

フィンセント・ファン・ゴッホ
『ひまわり』（部分）（1888年／SOMPO美術館蔵）

まわり〟としてゴッホの代表作『ひまわり』の凹凸を再現した陶板複製画が飾られています（写真はSOMPO美術館に収蔵されている実物のひまわり）。これはまさにゴッホのひまわりが3次元的な表現性を持つことの証拠です。

もし、③を「彫刻の部」に入れるのだとしたら、ゴッホのひまわりや武田鉄平さんの絵画も彫刻に入れるべきかもしれません。

2次元／3次元という分け方は空間的な分け方なので、絵画

武田鉄平
『絵画のための絵画 029』
（2019年）
©TEPPEI TAKEDA

と彫刻はまとめて「空間芸術」と言われますが、それに対して、「時間芸術」というものもあります。

「時間芸術」とは、時間の流れによって表現される作品で、音楽や文学がそれにあたります。マンガや映画、演劇のようなストーリー性のあるものは空間芸術でありながら時間芸術でもあります。また、建築も空間芸術ですが、実際には内部を移動する時間とともに視覚や体験が変わっていくので、時間芸術的な要素も持っています。そう考え

ると、鳥の声が聞こえる④の作品は絵画でも彫刻でもないのかもしれません。

(3)五感で分ける

3つ目の分け方は、作品を体験する時にどの五感を使うかで分ける方法です。絵画と彫刻は、どちらも目で見て感じるものなので「視覚芸術」です。ただ、少し違いはあります。たとえば純粋な「視覚芸術」は視覚でのみ味わえるものなので、目隠しをすると鑑賞ができません。しかし彫刻の場合には、（禁止されてさえいなければ）触って感じることもできます。つまり触覚芸術でもあるのです。一方、音楽は基本的には聴覚の芸術であり、どんなにいい音楽でも耳栓をして聴くことはできません（爆音のライブはカラダで感じることもできますが）。

このように作品を五感で分類すると、①は視覚芸術＝絵画でしょうが、②や③は触っても体験できる要素があるので、「彫刻の部」に入れてもいいかもしれません。

©MAKI UEDA

では④はどうでしょう？　視覚だけではなく聴覚も使っていますから、絵画に入れることはできない気がします。かといって彫刻かというと……触ってわかるものではないので悩むところです。

面白いことにこのワークをすると、平面作品にもかかわらず④を彫刻に分類する人が多かったりします。音は実は耳だけではなくカラダでも振動を感じているので、どこか触覚に通じると感じるのかもしれませんね。

ではもし、この絵から流れているのが、鳥の鳴き声ではなく詩の朗読だったらどうでしょう？　その作品はどのジャンルになるのでしょうか？

アートは感じるもの、とよく言われます。そういう意味では五感での分け方はとても重要な切り口ですが、こういう分類をしてみると気づくのは、五感の中でもにおいや味を使ったアートがあまりない、ということです（少ないですが嗅覚を表現に使うアーティストもいます。P109の写真は腐敗させた市販の肉を使って「戦争のにおい」を体験する、という嗅覚アーティスト・MAKI UEDAさんの作品です）。

フランス料理や日本料理は「まさにアート」と言われることもありますが、実際にアート作品として美術館に飾られることはほとんどありません。いったいなぜ味覚のアートは少ないのでしょうか？

改めて考えてみると、そもそも「美術館」という名称が視覚を中心にしたものだということに気づきます。「香術館」とか「味術館」はなぜないのでしょ

ロバート・ラウシェンバーグ
『Pilgrim』(1960年)
©Robert Rauschenberg Foundation／VAGA at ARS, NY／JASPAR , Tokyo, 2021 G2457

う？

今回のワークでは、ジャンルをテーマに考えてみました。

実は、現代アートにはジャンルを分けるのが難しい作品がたくさんあります。たとえば、ロバート・ラウシェンバーグという芸術家は、絵を描いたカンバスの上に羊の剥製を置いて飾ったり、絵のそばに色を塗った椅子を置いて、その全体を作品としました。この作品は絵画のメディウムを使ってつくられてはいますが、２次元の平面には収

まっていません。これは「彫刻」と呼ぶほうがいいのでしょうか？

最近では「インスタレーション」と言って、平面や立体物、さらには音や動きが出る装置などを組み合わせて展示する作品が多くあります。使っているメディウムも色々ですし、空間や時間をはじめ、さまざまな五感や動きまで使っているので、こういう作品を従来のジャンルで分けること自体、無理があることになりつつあるのかもしれません。

「わざわざジャンル分けしづらい作品をつくらずにまともな絵を描けばいいのに」と思う人もいるでしょうか。しかし、芸術家はただ奇をてらってジャンル分けしづらい作品をつくるわけではありません。自分なりの表現やメディウムの新しい可能性を追求していった結果、ジャンルに収まらなくなってしまった、というだけなのです。

表現の手段や組み合わせは無限にあります。それをある程度まとめて名前をつけ、便宜的に分けたものが「ジャンル」に過ぎません。ですから、自由

に表現をつくると、既存のジャンルの分け方を超えてしまったり、ジャンルに分けられない作品になってしまったりするのは自然なことなのです（ワーク3で見たように、新しい体験に対して言葉が足りなくなってしまうのに似ています）。

わたしたちは、美術の授業で絵を描く時、立体にしたり、絵の具以外のものを使ったらルール違反じゃないか、怒られるんじゃないか、と当たり前を気にしがちですし、絵は絵、彫刻は彫刻、というように物事を分けて考えがちです。

しかしアートとはもともと自由なものであり、完全にはジャンル分けできないものです。**当たり前を疑いどんどん変化し、常にジャンルを超えていくものこそが、アート**なのです。

オノ・ヨーコ
『インストラクション・ペインティング　IMAGINE』1962/2015
『インストラクション・ペインティング　FORGET』1999/2015

キャンバスに描かれたこの作品は絵画でしょうか？　視覚芸術でしょうか？
ここからわたしたちが受け取るものは、イメージでしょうか？　ことばでしょうか？

（写真：東京都歴史文化財団イメージアーカイブ／撮影：柳場大／所蔵：東京都現代美術館）©Yoko Ono

アート・シンキングのキーワード

06

「他分」

わたしたちはジャンルのように、誰かが決めたルールや常識に囚われて、無意識に発想を縛ってしまうことがあります。「自分」らしい発想ではなく、誰かが決めた常識や価値観に縛られた価値観を『ハウ・トゥ・アート・シンキング』では「自分」起点の反対として、「他分」(=他人の分節)と呼んでいます。「ママらしく」「部長らしく」という風に肩書きがあたかも自分自身であるかのように錯覚していますが、「他分」は実は「自分」とは関係ありません。「自分」らしい、他とはちがうユニークな(unique=1つっぽい)「自分」を追求していくと、「他分」を超えてしまい、名前のないものになります。新しい価値はいつも、名前のつけようのない、マージナル(境界事例的)なところに生まれます。それは名づけづらく不安定で異質なものに見えますが、だからこそ価値を革新するのです。

(『ハウ・トゥ・アート・シンキング』6章参照)

WORK 07

題名のない美術館

左ページの①～④の作品の題名を答えなさい。

（ア）母体の偶像

（イ）真理への祈り

（ウ）沈黙の風景

（エ）愛の原点Ⅳ

①（　　　　　　　　　　）　②（　　　　　　　　　　）

③（　　　　　　　　　　）　④（　　　　　　　　　　）

①

②

③

④

（ア）～（エ）の中から①～④の題名に当てはまると思われるものをそれぞれ選んでから次のページに進みましょう。

解説編

Commentary

あなたはそれぞれどの題名を選んだでしょうか?

ではさっそく、正解を発表……の前に、お詫びがあります。これはひっかけ問題でした。(ア)〜(エ)には実を言うと1つも正しい答えはありません。4つのタイトルは、著者が勝手につくった嘘の題名でした(各作品の本当の題名はこの章の最後に載せてあります)。

アート作品にはだいたい題名がついています。

美術館に行くと、作品の近くに作者と題名が記載されたプレートが掲示し

てあることがありますよね。作品を見て「よくわかんないな……」と思うと、多くの人がとりあえず題名を確認しに行きます。そして題名を見るとなんとなく満足し、わかったような気になって次の作品に進んでいくのです。

果物の静物画のように、具体的にモノが描かれている作品ならまだいいのですが、最近のアートは何が表現されているのかさっぱりわからないことも多いので、何かヒントが欲しくなる気持ちはよくわかります。

ところで、美術館などに展示されている作品の題名には、実は、

(1)作者がつけた題名
(2)誰かがつけた題名

の2種類があります。

アート作品の題名はすべて(1)の作者がつけたものだと思っている人もいる

かもしれませんが、実は(2)の誰かがつけたものも割と多いのです。

たとえば有名な『ミロのヴィーナス』も実は作者がつけた題名ではありません。

『ミロのヴィーナス』(前130-100年頃／ルーヴル美術館蔵／写真：mzopw)

古いアート作品では、誰がつくったかすらわからないものも少なくありませんが、作者がわからないくらいですから、どんな題名をつけたかももちろんわかりません。

しかしそれが後に、すばらしい作品として愛されるようになってくると、呼び分けるために題名がつけられます。名前がないと区別できませんし、目録でチェックしたりするのも大変なので、通称として呼ばれていた名前や作品の管理係が目録をつくる時につけた呼び名がそのまま題名になることもあ

ります。変なたとえですが、ブチがあるので「ブチ」と呼んでいたのらねこが、飼いねこになって正式な名前になったみたいな感じでしょうか。

「ブチ」や「クロ」のように、後から誰かにつけられる名前は割とわかりやすいものです。神話の神や歴史上の人物などモデルがわかりやすい時にはそれがそのまま題名になります。『ミロのヴィーナス』や『サモトラケのニケ』は『渋谷のハチ公』みたいなものですね。

昔のアート作品の題名がはっきりしないのは、紛失してしまったわけではなく、そもそも「題名」自体が重要視されていなかったということもあるのです。実際、ヨーロッパですら18世紀頃までは作品に名前をつけるという慣習は確立されていませんでした。

これは「作品」の扱いが変わったということも示しています。かつては彫刻や絵画なども、いまのように「作者」の表現たる「作品」という感覚はなく、建物やお墓を飾るためのインテリアみたいなものでした。芸術家は教会や貴

族からの依頼で絵を描き、それを納品していたのでそこにわざわざ題名をつけてはいなかったのです。当時の画家や彫刻家は、表現者としての芸術家というよりはいまで言う職人や専門職に近く、「自分の作品」という感覚自体が希薄だったのです。

しかし、時代が変わり、芸術家「個人」の才能や権利が重要視されるようになると、徐々に「作品は芸術家のもの」という感覚が生まれてきます。ルネサンスには芸術家は「天才」の代表とされ、作者の地位が一気に高まり、近代に入ると「作者」が名づけるのが普通だ、と考えられるようになったのです。

それにしても、なぜ作者はわざわざ題名をつけるのでしょうか？

アート作品は感覚だけで味わうものだ、という主張もよく聞きます。しかしもしそうなら、題名なんてなくてもいいはずです。

もちろん、区別するためには名前があったほうが便利です。しかしそれだけの理由なら、すべてのアートが『ミロのヴィーナス』みたいにシンプルな名前でもいいはずです（なんなら「ピカソ1号」とか「ピカソ2号」とかでも）。

作者がわざわざ自分で作品に凝った題名をつける時には、それ以上の意味が込められています。

親が生まれてくる子供に名前をつける時も、さまざまな名前を考えては悩み、「こんな風に育ってほしい」という思いを込め、日本では画数や漢字の意味まで吟味して名前を決めますが、同じように、**題名には作者の思いやメッセージが込められる**ことが多いのです。その意味で題名は、作品を見るための「ヒント」になるものです。

また、「題名」というのは不思議な力を持っています。同じ作品でも、題名を変えると、まったくちがった作品に見えてくるのです。

たとえば今回のワークであなたが選んだ題名をそれぞれ入れ替えて、別の作品にちがうタイトルをつけてみると、作品の印象が随分変わりませんか？

題名は作品の体験を変え得るものであり、かつ作者自らわざわざ考えてつけたものですから、題名もまた作品の一部だ、と言うこともできます。そしてこの考え方からすると、題名がつけられてはじめて作品が完成する、とすら言えるかもしれません。

20世紀を代表する現代美術家のマルセル・デュシャンは、

「わたしはいつもタイトルに重要な役割を与えてきた。目に見えない絵具のようにタイトルをつけ加え扱った」

と言っています。

たとえばわたしたちが住んでいる住宅にはほとんど題名はついていません

が、建築家がつくった住宅には「代田の町屋」のように題名がつけられているものもあります。このように題名がつけられた住宅は、ある種の「作品」であり、「この住宅はわたしの作品だ」と建築家が宣言している、と言うこともできるでしょう。

このように題名には、見る人の体験に影響する力がありますが、20世紀に入るとあえて作品に題名をつけない芸術家も増えてきます。

実はこれは作者中心主義から脱却しようとするアート界の動きと結びついています。19世紀には「アートは作者のもの」という考え方が非常に強くなりましたが、その後の芸術家はアートをもっと自由なものにすべく、アートに偶然性や無意識を持ち込み、「作者の意図」を弱めようとしました。こうした流れの中で、見る人に「作者の意図」による先入観を与えてしまうのを嫌って、題名をなくす芸術家が増えてきたのです。題名という形で思いやメッセージを伝えると、「作者の意図」や特定の見方を押しつけることにもなりかねませんから、見る人により純粋に、より自由に作品を見てもらうためには、

題名はないほうがいいのかもしれません。

ただ、注意したいのは、芸術家があえて題名をつけずに「無題」にしている場合、意図がないのではなくわざわざそうしたのだということです。考えるのが面倒だからつけなかったり、つけ忘れたというのではなく、「作者はヒントを出しません。あなたなりの自由な見方で見てください」という、それもまた作者からの1つのメッセージなのです。そういう意味では「無題」もまた題名であり、「無題」の作品を見る時でさえ作者のヒントなしに作品を「純粋に」見ているわけではないと言うべきでしょう。

はたして、題名を見てからアートを見るのと、題名を見ずにアートを見るのでは、どちらがよりよいアートの見方でしょうか？

アート作品にあとから題名をつけたり入れ替えたりしても、それはなお同じ作品でしょうか？

〈P118〜119の問題の答え〉

①
ワシリー・カンディスキー
『即興27（愛の楽園Ⅱ）』
（1912年／メトロポリタン美術館蔵）

②
ポール・セザンヌ
『セザンヌ夫人の肖像』
（1883年頃／フィラデルフィア美術館蔵）

③
ドナルド・ジャッド
『無題,1977』
（1977年／写真：Artothek/アフロ）
©2021 Judd Foundation／JASPAR, Tokyo G2457

④
オーギュスト・ロダン
『サキュバス』
（1889年／ソウマヤ美術館蔵）

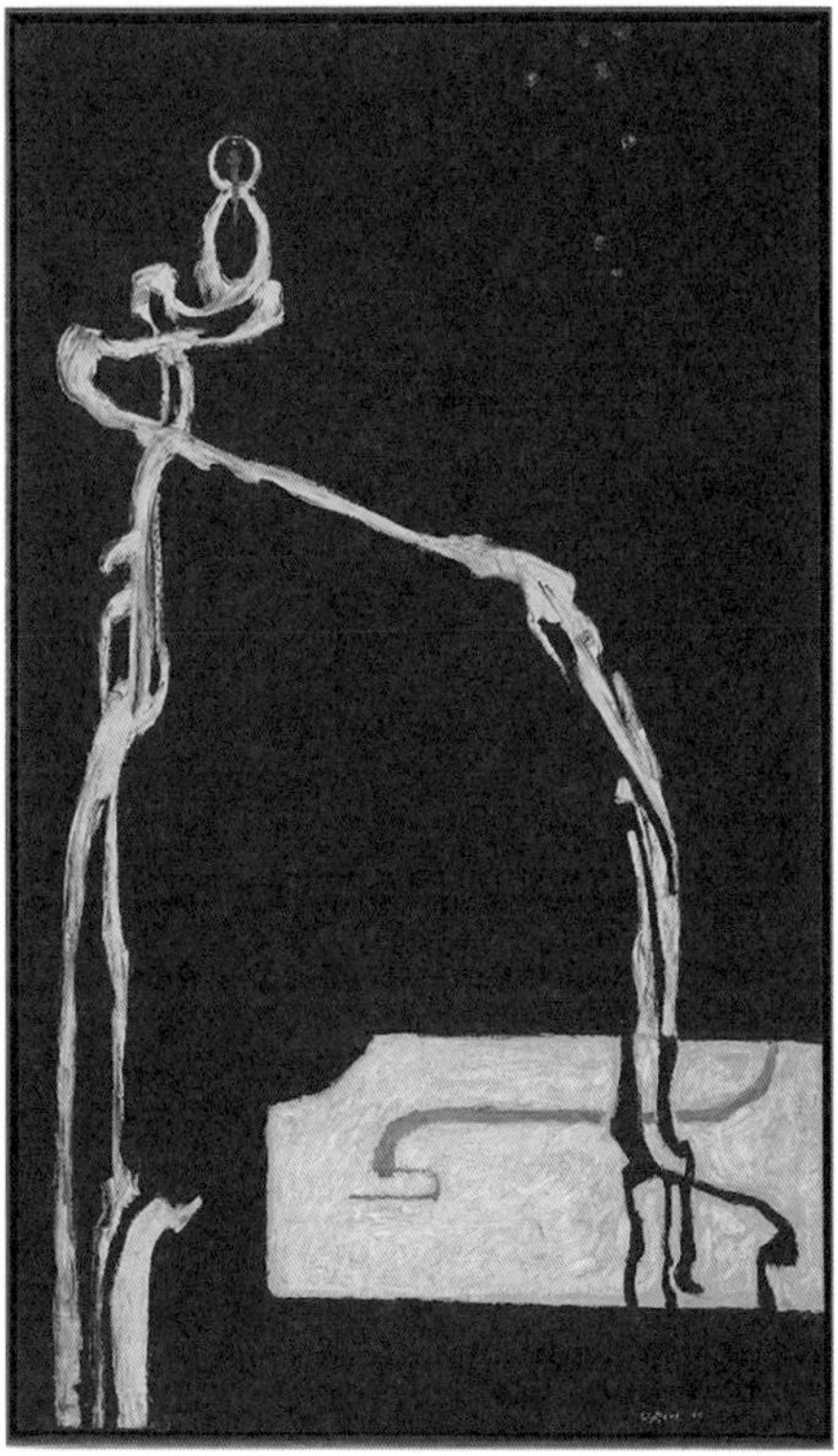

クリフォード・スティル
『PH-233』（旧『無題』、『自画像』）
この作品はもともと「自画像」と題されていましたが、
ある時作者が作品からすべて題名を削除したため、「無題」と呼ばれるようになりました。
さらにその後、作者が目録を作成した時、全作品に「PH- #」という番号を割り当てたため、
いまでは「PH-233」という題名になっています。

（1945年／サンフランシスコ近代美術館蔵）© 2021 Clyfford Still / ARS, New York / JASPAR, Tokyo G2457

アート・シンキングのキーワード

07

多次元性

アートはモノそのものではありません。まったく同じものが、ある場合はアートになったり、またならなかったりします。アートを味わうためには物理的な次元だけではなく、意味やコンテキストの次元を重ね、「多次元性」を持って作品を見る態度が必要です。文学や演劇のようなフィクションの中で起こった殺人を現実と混同してはいけませんが、劇中の俳優は現実の人でありながら、殺人鬼でもあります。それはただの嘘とはちがいます。わたしたちは俳優が殺人鬼ではないと知りながら殺人鬼「として」彼を見るのです。

千利休は「見立て」といって魚カゴをそのままお茶の席の花生けに使うなど、モノに別の価値を見出しました。この場合の「イノベーション」とは技術の革新ではなく、新しい意味や価値を見出す文化や価値観の革新です。アートの多次元性に触れることはその力を磨く機会や訓練になるのです。

（『ハウ・トゥ・アート・シンキング』17章参照）

WORK 08

5枚のモナ・リザ

WORK 08

あなたは画廊のオーナーをしています。
次の①〜⑤の絵を売るならどのくらいの値段で売りますか?
値段が高いと思う順番に並べてみましょう。

①別の画家が描いた完璧にそっくりなモナ・リザ
②別の画家が描いたまったく似ていないモナ・リザ
③別の画家がモナ・リザをイメージして描いた絵
④別の画家がモナ・リザのカラーコピーに落書きした絵
⑤中学生が描いた完璧にそっくりなモナ・リザ

（　　　＞　　　＞　　　＞　　　＞　　　）

①〜⑤まで高い値段の順番に並び替えてから、次のページに進みましょう。

解説編

Commentary

さて、だんだん問題が難しくなってきました。

とはいっても、選択肢を並び替えるだけですから、それ自体はそんなに難しくはありません。この問題で難しいのは、理由を考えることです。

まず、①「別の画家が描いた完璧にそっくりなモナ・リザ」と②「別の画家が描いたまったく似ていないモナ・リザ」について考えてみましょう。他の画家が描いたそっくりな模写と似ていない絵ではどちらが価値が高いでしょうか？

それは状況によって変わります。たとえば①のそっくりの絵画をレオナル

ド・ダ・ヴィンチの『モナ・リザ』として売りに出すなら、「贋作」になってしまいます。場合によっては犯罪になることもありますから、値段をつけるというより、そもそも売ってはいけません。

実は、こうした「贋作」で有名になった画家もいます。ハン・ファン・メーヘレンというオランダの画家は、フェルメールの贋作を描いたことで知られています。彼はいずれは自分が描いたと明らかにするつもりでフェルメールの技法をそっくり真似て、フェルメールのものとして作品をつくりました。ところがその作品が非常に高く売れたのでメーヘレンは自分が描いたと打ち明けられなくなり、その後もフェルメールの作品の贋作をつくり続けます。

では、メーヘレンが最初から自分の作品としてこれを発表していたらどうだったでしょうか?

まちがいなく、フェルメールの作品として売った場合に比べると格段に安い値段になったでしょう。このことはアート作品の価値が「作品の技術や品

質」によってだけ決まるものではないことを示します。よく、アートや絵画は感覚で楽しむもの、と思われることも多いのですが、見た目にまったくちがいがなければどちらも同じ値段のはずです。しかしアートにおいては、誰が描いたか、というのがとても重要で、それによって大きく価値が変わるのです（このことはアートにおける「作者」の重要性を表しています）。

贋作はいけないので①の場合、画家が自分の名前を出して売るものだと考えます。嘘をついて売ると犯罪ですが、どれだけそっくりでも別の画家による「『モナ・リザ』の模写」だと正直に明かして売るなら問題はありません。

では、別の画家が描いた模写の場合、①と②ではたしてどちらの価値が高いでしょうか？　模写というのはそもそもそっくりに描くことなので、より似ているほうが価値が高いでしょうか？

もし、この画家がピカソだったとします。ピカソの描いたモナ・リザが2枚あるとして、そっくりなものと、まったく似ていない独特なモナ・リザ

だったとしたら、はたしてどちらの価値が高いでしょう？　これはなかなか難しい問題です。

ピカソファンからしたら、ダ・ヴィンチとそっくりのモナ・リザより、ピ、カ、ソ、っ、ぽ、い、モナ・リザのほうが価値が高いかもしれません。**模写であっても、「そっくり」なほうが価値が高いとは限らない**のです。なぜなら、もし本当に完璧に似ているのならそれは「本物のモナ・リザ」のコピーか「モノマネ」に過ぎず、レオナルド・ダ・ヴィンチのモナ・リザが先にある以上、作品の存在意義が薄いとも言えるからです。

ある意味で模写は偽造紙幣にも似ています。おもちゃの紙幣はそっくりではなくかならずどこかに「ちがい」があります。もし区別がつかないほどそっくりなら、それは「ニセモノ」になってしまいます。

むしろ完璧に同じではないからこそ、単なるモナ・リザの「ニセモノ」や「モノマネ」ではなく、そこにピカソなりのオリジナリティの価値が生まれ

る可能性もあります。

このことは①や②のような模写と、③「別の画家がモナ・リザをイメージして描いた絵」のようなオマージュ作品を比べるとよりはっきりします。

③は真似ではなく、オリジナルな作品だと認められるでしょう。たとえばピカソが描いたものとして、①や②と比べるなら、③のほうが価値が高くなる可能性が高いのではないでしょうか？

「オリジナリティ」という観点から並べると、③＞②＞①の順に並ぶことになります。この考え方からすると、同じく模写である①と②では似ていない②のほうが価値が高いことになるのです。

では模写は似ていないほうがいいのか、というと、そんなに簡単な問題ではありません。今度は②「別の画家が描いたまったく似ていないモナ・リザ」と⑤「中学生が描いた完璧にそっくりなモナ・リザ」とを比べてみましょう。

よく、絵をほめる時にはそっくりなほうが「上手い」と言いますよね。⑤のように中学生が『モナ・リザ』を模写したのであれば、似ていない絵よりは似ている絵のほうがきっと高く評価されるでしょう。①のプロの画家の模写と同じくらいそっくりなら、⑤の中学生の絵のほうが高い価値がつくかもしれません。

中学生の絵ならそっくりのほうがほめられるのに、画家の模写なら、そっくりなよりも似ていないほうがいいのはなぜでしょうか?

それは、**「プロの芸術家」にとっては、「ユニークさ」こそが大事**だからです。

アートというのは、スーパーで売られている大量生産の商品とはちがって、誰かと同じものよりも、**「ちがい」が価値**になります。どれだけそっくりな絵を描いても、それは本物のモナ・リザの「モノマネ」や「ニセモノ」に過ぎず、本物のモナ・リザ以上の価値は認められません。プロの芸術家の場合、モナ・リザにそっくりかどうかではなく、むしろ似ていない「その芸術家なら

では」の特徴がある作品のほうが、味わい深い、とされるのです。

一方、プロの芸術家ではない中学生の作品を見る場合、そっくりに描ける「技術」が評価されていると言えます。中学生にしてプロの画家と同じような技術を持っているとしたら「すごい」、これが中学生の作品の評価でしょう。しかし、これはあくまで技術の評価であり、アートとして評価されているとは言えません。

そもそも、技術はかならずしも、アートに必要ではありません。

そのことは、④「別の画家がモナ・リザのカラーコピーに落書きした絵」について考えるとよくわかります。

先ほど、模写の場合には、それがそっくりだからといってかならずしも価値が高いとは限らないと言いました。そっくりなほうがよいのなら、画家よりもカラーコピーのほうがはるかに忠実にモナ・リザを再現できます。現状

では平面プリントだけですが、いずれ3Dプリンターの性能が上がれば絵の具の凹凸まで含めてまったく同じ作品をつくれるかもしれません。しかし、同程度にそっくりだとしたら、おそらく多くの人はコピーより人間が模写したもののほうが価値が高い、と考えるでしょう。アウトプットが同じ（もしくは質はコピーのほうが上）なのに、人の手による模写のほうが価値が高いのはなぜでしょうか？

人はアートを評価する時、そこに注がれた技術や手間に価値を認めているかもしれません。そうだとすると、④「別の画家がモナ・リザのカラーコピーに落書きした絵」は、技術も手間もかけていないカラーコピーに、さらに落書きまでされているのですから、ほとんどゴミ同然の価値しかないことになるでしょう。

しかし実は、アート史上には、まさにそんな作品があるのです。

P144の作品をご覧ください。

マルセル・デュシャン
『L.H.O.O.Q』（1919年）

なんとモナ・リザに髭が生えています。みなさんも教科書の歴史上の人物に落書きをしたことがあるかもしれませんが、まるでそんないたずらにしか見えません。しかしこれは、マルセル・デュシャンの『L・H・O・O・Q』という作品で、パリにあるポンピドゥー・センター内の国立現代美術館にも収められている有名な作品です。

上の写真はモノクロですが、この作品はカラー印刷のポストカードにデュシャンが鉛筆で書いたもの、つまりまさに、④

「別の画家がモナ・リザのカラーコピーに落書きした絵」です。

こういう作品を、上手いとか下手とか「技術」で比べたり、そこにかけられた「手間」で評価することはできません（何せ髭以外はまったく描いていないのです）。

あるいはまた、よく言われるような「美しさ」や「美意識」という価値観でも評価できません。せっかくの美しいモナ・リザに髭を描いたりしたら（髭愛好家の人は別として）、多くの人が台無しだと思うでしょうから。

ここで改めて考えたいのは、普通モナ・リザのカラーコピーが作品として美術館に飾られることはない、ということです。カラーコピーはアートとは認められないからです。この作品はつまり、**アートではないものが「落書き」されることで、かえってアート作品になった**のです。

このようにアートの価値は再現の忠実さや美しさ、技術や手間で測られる

ものでもありません。むしろちょっとしたつけ足しであっても、オリジナリティがあるほうが価値が高いのです。

アートの価値は他の芸術家との「ちがい」の面白みにあります。**その芸術家ならではの「ユニークさ」を生み出すことこそがアートの価値**なのです。

マルセル・デュシャン
『髭を剃ったL.H.O.O.Q』

デュシャンはモナ・リザに髭を描いた『L.H.O.O.Q』に続き、『髭を剃った L.H.O.O.Q』という作品もつくっています。L.H.O.O.Q の髭を剃ってしまったらそれは……。

（1965年／ニューヨーク近代美術館蔵）©Association Marcel Duchamp / ADAGP, Paris & JASPAR, Tokyo, 2021 G2457／2021. Digital image, The Museum of Modern Art, New York / Scala, Florence

08

アート・シンキングのキーワード

「ちがい」とアートのパラダイム

モノや情報があふれる中で、価値のパラダイムは大きく変わりました。20世紀はいわば「工場のパラダイム」であり、なるべく同じものをたくさんつくれることが価値で、ちがうものは不良品や故障の原因になる、駄目なものとされていました。工場のパラダイムでは「ちがい」を減らし「おなじ」を増やすことが求められます。制服や校則やマニュアルなども、「おなじ」を増やすための仕組みでした。

しかし、情報もモノもあふれる現代では、他と「おなじ」では価値がなく、そこにしかない代替不可能な価値が求められる時代になっています。これを「アートのパラダイム」と呼んでいます。アート作品は他との「ちがい」があるからこそ価値が生まれ、反対に「おなじ」ものは価値が低いからです。アートには美しさや技術以上に、ユニークな「ちがい」があることが大事なのです。

（『ハウ・トゥ・アート・シンキング』17章参照）

WORK 09

Art or Not?

WORK 09

あなたは美術館の学芸員（キュレーター）です。

亡くなった画家のアトリエでさまざまなモノが見つかりました。

あなたはそれらをアートとアートでないものに分けなければいけません。それぞれどちらに分類しますか？　またそう考える理由も答えてください。

①左半分が黄色く塗られたカンバス
（アート/アートでない　その理由：　　　　　　　　　　　）
②金庫に入れられたスケッチブック
（アート/アートでない　その理由：　　　　　　　　　　　）
③黄色に塗られた椅子
（アート/アートでない　その理由：　　　　　　　　　　　）
④飾られた不思議な形の石
（アート/アートでない　その理由：　　　　　　　　　　　）

①

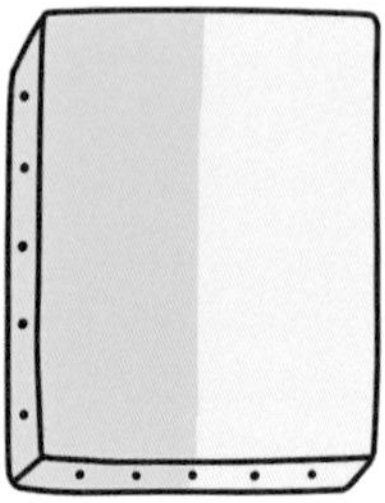

②

③

④

それぞれアートかどうか分類して理由が書けたら次ページに進みましょう。

解説編

Commentary

Art or Not?　アート？　アートじゃない？

実はその線引きはアイマイです。あるものがアートと言えるかそうでないかという判断には色々な要素が関係しています。同じモノが、ある瞬間にはアートになったり、アートでなくなったりもします。今回のワークの選択肢はそれぞれ、アートが成立する条件にかかわっています。はたしてどんな場合にアートはアートになるのでしょうか？

①左半分が黄色く塗られたカンバス

カンバスは絵画を描くためのものですから、作品だと考えてよいでしょうか？　ただ今回の場合微妙なのは、片側のみが塗られている、ということです。はたしてこの作品はこれで完成なのでしょうか？　半分しか塗られていないのは意図的なのか、あるいは作家が完成を目指しつつも完成を見ずに途中で終わってしまったのか……？

つくりかけの作品はアートなのか、アートではないのか？　画家が生きていれば、これで完成ですか？と聞けばよいかもしれませんが、すでに画家が亡くなっているとそうもいきません。今回は半分だけ塗られていたので特に未完成という印象がありますが、半分だけではなく全面が塗られていたとしても、完成かをどうやって判断できるでしょう？　もっと言えば仮に何かの絵が描かれていたとしても、実は「つくりかけ」かもしれないのです。どこまで描き込まれていたとしても、まだ未完成、ということはあり得るのですから。

芸術家のアトリエにあるアート作品が、たびたび上描きされたり改良され

ていくことはめずらしくありません。たとえ一度「完成」とされた作品であっても、そこからさらに上塗りされていくこともあり得ます。いったい、アート作品が本当の意味で「完成」するとはどういうことなのでしょう？

もし、同じ部屋からアーティストの日記が見つかり、「完成した」と書いてあったら、すぐさまこのカンバスをアートとして、芸術家の作品リストの中に書き足すべきでしょう。でもそういう手がかりがなければ、「作品」に入れてよいのかはわかりません。どうもアートにとっては「完成」というお墨付きが重要なようです。

②金庫に入れられたスケッチブック

では画家が人に見せるために描いたかよくわからない場合はどうでしょうか？

画家のアトリエには大きな金庫があり、そこにはスケッチブックが入れら

れていました。スケッチブックにはイラストや詩のような文章が描かれています。

しばしば美術館では、画家のスケッチブックが展示されます。美術館に展示されることがあるのだからスケッチブックもアートだ、と言えるでしょうか？　ただ、スケッチブックという体裁は「作品」としては少しカジュアル過ぎます。それはアイディア帳のようなもので、多くの画家はどこかに発表するつもりで描いてはいないのではないでしょうか？

特に今回はそれが金庫に入れられている、という変わった事情があります。金庫にしまわれている、ということには2つの可能性があります。大事にしていたものだったか、それとも人に見られたくなかったか。

この問題のポイントは、「見られるつもりでつくられていないものもアートなのか」ということです。スケッチブックはいわば「下描き帳」ですから、誰かに見せるためには描いていないでしょうし、それを金庫に入れて隠して

いたのなら……二重の意味で、これを展示するのは作者の意に反するのではないでしょうか。

アートは誰かに見せるためにつくり、それを発表することで成り立つ行為です。その観点から考えると「見せるつもりがなかった」ものはアートではない、と言うべきかもしれません。

しかし、作者がまったく見せるつもりがなかったにもかかわらず、アートとして認められている作品もあります。

たとえば、アメリカにヘンリー・ダーガーという芸術家がいました。彼はたったひとりで60年もの間、誰に見せることもなく作品をつくり続け、1万5000ページ以上の物語と300枚の絵を描きました。その作品は、死後になって発見され、いまでは美術館に収められています。彼自身も芸術家として認められ、その作品は現在、1億円近い価値になっているのです。

ヘンリー・ダーガー『非現実の王国で』（1973年／写真：Everett Collection/アフロ）
©2021 Kiyoko Lerner／ARS,New York／JASPAR, Tokyo G2457

ヘンリー・ダーガーの作品はそもそも人に見られるために描いたものではなく、しかも完成しているかすらよくわかりません。実際、生きていた頃に彼が住んでいた部屋の大家さんが大量の荷物をどうしたらいいかと彼に聞いた時、ダーガーは「捨てて、て、く、れ」と答えたそうです。本人が捨ててほしいと思っていたものをはたしてアートと呼び、美術館に展示していいのでしょうか？

しかし、見せるためではなかったとはいえ、これがただの

落書きではなかった証拠もあります。というのも、この作品の原稿はタイプライターで清書されており、半分はきれいに製本され、花模様が描かれた表紙には金色の文字で堂々と『非現実の王国で』と題名がつけられていたのです。

「誰かに見られる」つもりではなかったとしても、ちゃんと整えられ「題名」までつけられている点では、「作品」としての作者の思いも感じられます。

③黄色に塗られた椅子

人に見せないつもりだったかもしれないスケッチブックとは反対に、人からよく見える場所に置かれた黄色く塗られた椅子は、アートと言えるでしょうか？

もともと黄色かったのではなく画家が自分で塗った、ということははっきりしています。なぜなら塗りかけのカンバスと同じ黄色が使われていたから

です。問題は、椅子を塗る行為をアートと呼んでいいのか、ということです。

画家が自分で塗ったのですし、P111のラウシェンバーグのようなアートもありますから、作品と言ってもいい気もします。ただ、椅子の場合、アートというより、実用品と呼ぶほうがよいかもしれません。単にもとの色が剥げたり、色を変えたくて家具を塗り替えた「日曜大工」かもしれないからです。みなさんの家にもさまざまな色、デザインの家具があるでしょうが、それをアートとは呼びませんよね。実用品がアートになり得るか、というのも実はかなり線引きがアイマイです。日本の職人がつくった伝統工芸品にはとても美しく、芸術的価値が高いものも多いですが、工芸品がすべてアートに入るか、というとそうとも言い切れません。

アートとデザインは、どちらも装飾的な機能を持ってはいますが、同じではないのです。

とはいえアートもかつては貴族の家や教会を飾るためにつくられた室内装《インテ》

飾品《リア》でした。それは家具に色を塗ったり壁に模様を描くのとはたして何かちがうのでしょうか？

④飾られた不思議な形の石

このワークの画家のアトリエの棚にはいくつか不思議な形の石が飾ってありました。どうやら近所で拾ってきたもののようです。はたしてこれはアートでしょうか？

もしこの石が床に転がっていたのなら、多くの人がただのゴミだと思うでしょう。しかしわざわざ並べて飾ってあるところを見ると、もしかすると彼のアート作品かもしれません。しかも、それらの石の前にはメモ書きのように「7日目の夜」と書かれた紙が置かれています。これははたして作品の題名か何かでしょうか？　石とは関係ないただのメモでしょうか？

普通、アート作品とは「芸術家がつくったもの」を指します。しかし、「つ

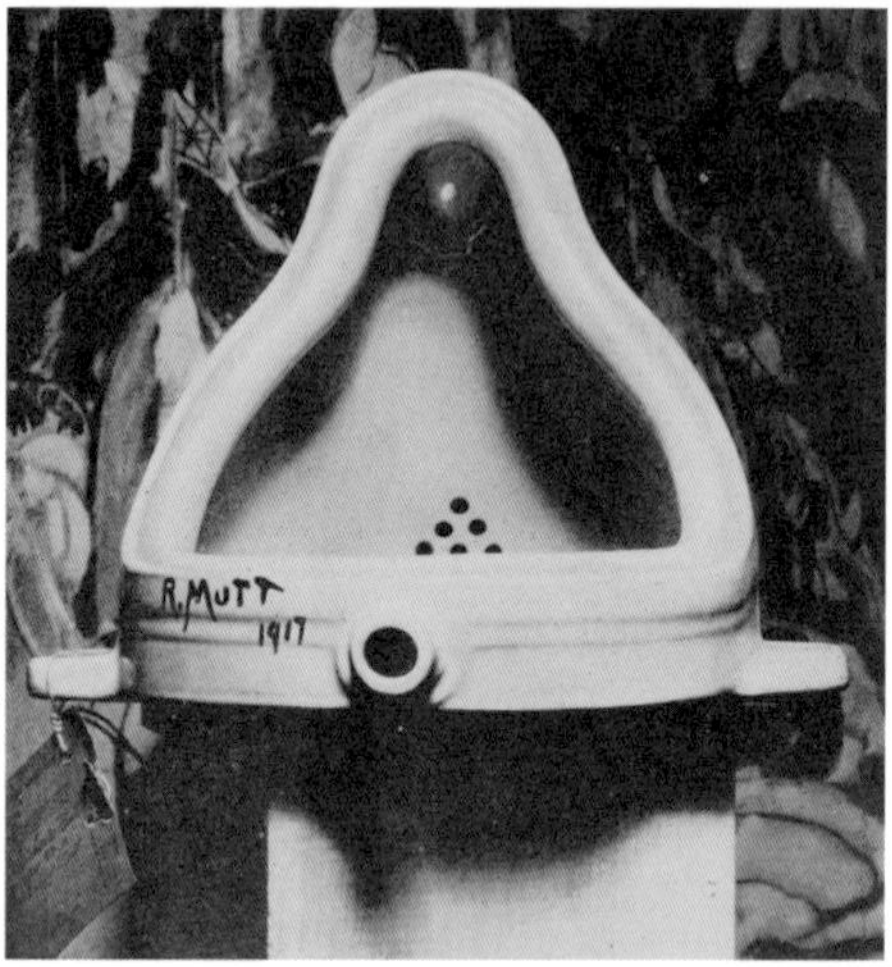

マルセル・デュシャン
『泉』（1917年／写真：Alfred Stieglilz）

くる」といっても、芸術家本人がその制作工程を（すべて）手がける必要があるわけではありません。

マルセル・デュシャンの有名な『泉』という作品があります。

これはなんと、男性用の便器を置いてそこに「R．Mutt」と名前のような文字を描いただけの作品です。デュシャンはこの便器をつくってはいません。先ほどのモナ・リザもそうですが、デュシャンはむしろ、「つくる」ことをしなくてもアート

はできる、と証明しようとしました(「わたしは何もしていない」とデュシャンはよく言っていました)。

とは言っても、デュシャンが本当に何もしていないわけではありません。少なくとも「R.Ｍｕｔｔ」と直筆で書き入れています。これも「つくる」に入る!と言う人もいるかもしれません。

ただし、デュシャンには『泉』の他にも、スコップを飾ったり自転車の車輪を飾ったりしただけの作品があり、それらにはサインすらしていません。本当に何も「つくる」ことをしておらず、デュシャンがしたことはただそれを持ってきて置いただけです。

もちろん、ただ持ってきて置いただけでも、そこには芸術家が意図的に関与しているのだから、大きな意味では「つくる」行為だと考えることはできます。しかしだとすると、芸術家がかかわりさえすれば、錬金術のようになんでもアートになってしまうのでしょうか?

このワークの画家の場合はどうでしょう？　小石は本当にただ拾ってきただけのものかもしれませんし、かわいい姪っ子からもらったものかもしれません。ただの小石はいったいいつからアートになるのでしょうか？

そしてこれは「自然物はアートになるのか」という問題でもあります。もう1つ、画家のアトリエには不思議な形に削られた丸太がありました。最初は画家自身が彫刻したのかと思ったのですが、そうでないことが日記からわかります。

「わたしはある日、ねずみが彫刻用の丸太をかじっているのを発見した。そして、それを眺めているうち、これこそまさにアートだと感じたのだ。そこでわたしはそれをねずみの自由にさせ、その形の変化を楽しむことに決めた」

本人が「まさにアート」と言っていますし、石と同じく、自分が「つくる」のではなくても、画家の意図があるから十分アートだと言えるでしょうか？

今回のポイントは彼がある時点でその造形を気に入ったにせよ、ねずみが丸太をかじってどんどん形が変わっていってしまったことです。彼が「まさにアート」だと言ったのはいったい何についてだったのでしょう？　もし形の美しさにアートを感じたのなら、形が変わったらアートではなくなるはずではないでしょうか？　それとも、ねずみが丸太をかじる、という出来事それ自体がアートだと言うのでしょうか？

もし、これをアート作品として展示するとしたら、「ねずみ」を作品の「材料」として記載すべきでしょうか？

あるいはひょっとすると、ねずみを「作者」として記載するべきだとは思いませんか？

AKI INOMATA

『彫刻のつくりかた』(2018－)

この作品はビーバーがかじった形をもとにつくられた彫刻です。ビーバーが生み出した自然の形を人間が真似て彫ったこの作品にとってビーバーははたして何になるでしょうか？

撮影：長野 聡史（北九州市立美術館での展示風景を撮影）
Courtesy of MAHO KUBOTA GALLERY

アート・シンキングのキーワード

09

「想定外」と「偶然性」

アート作品は芸術家が考え、意図したとおりにつくり上げるものと思われがちですが、実はそうではありません。作品はつくりながら当初の予定とはまったく変わってしまうこともあります。

つくる過程で生じた想定外の出来事や偶然が、むしろ作品を面白いものにすることがあります。もちろんその偶然の結果も含め作者は「よい」とするわけですが、ある意味ではかならずしも作者が作品をつくるわけではない、ということもできます。

作者であっても作品を完全にはコントロールできません。すぐれた芸術家は偶然性の楽しみ方や活かし方を知っています。ビジネスの世界では計画どおり進むことが重視されますが、アート・シンキングでは計画どおりではなく作者の意図を超えた「想定外」こそが創造力の源泉となるのです。

（『ハウ・トゥ・アート・シンキング』14章参照）

WORK 10

修復も色々

WORK 10

あなたは絵の修復家です。
ある教会の壁画を修復することになりました。
記録によると、

・1600年、教会の依頼で画家が描いた。
・1610年、画家が描き足した。
・1700年、画家の死後、教会が教義に反する絵柄を修正。
・1950年、戦争で絵の右半分が失われた状態で発見され、教会スタッフが描き直した（結果、右半分は少し下手な絵に）。
・2020年、観光客に落書きされる。

という経緯があります。

さてこの壁画をあなたなら次の①〜④のうちどんな風に修復しますか？　理由と合わせて答えてください。

①1600年の最初の状態に
②1610年の作者による描き足し時点に
③1700年の絵柄修正時点に
④1950年の教会スタッフ加筆時点に
（　番号:　　　　その理由:　　　　　　　　　　　　　　）

①～④の中から1つ選び、その理由を自分なりに考えてから
次のページに進みましょう。

解説編

Commentary

わたしたちはアート作品を見る時、その変化についてはあまり気にしません。作品はいつまでもそのままの形だと思っていますが、アートもモノである以上、ずっとそのままであることはなく、壊れたり、色が変わったり、あるいは何かがつけ加えられたりして変化してしまいます。

「修復」について考えると、変わってしまうアート作品の「どの時点」を「本当のすがた」だと考えるべきかは、結構難しい問題であることがわかります。

最低限の修復は落描きだけを消す④の修復でしょう。落描きは作品にとって異物ですから、やはり消すべきです。しかし、落描きではなくよかれと

左から、絵画「Ecce Hom“この人を見よ”」（1910年）のオリジナル、「修復」前、「修復」後。©AFP＝時事

思っての修復に関してはどうするべきでしょうか？　教会スタッフが修復し下手になってしまった部分は残すべきでしょうか？　実際にスペインで、教会の絵を地元の信者のおばあちゃんが「修復」して全然別物になってしまったことがありました（写真右）。

これくらい原型を留めていないと、やはりもとの状態に戻したほうがいい気がしますよね。とにかく、素人が描いた部分は修復したほうがよさそうです。
ではどこまで直すべきでしょう

か？

①画家が最初に描いたと思われる状態まで戻すべきだと考える人も結構いるでしょう。これは割と根強い考え方で、**「オリジナル」**（＝最初のバージョン）が一番という価値観を表しています。

②を選ぶ人も多いでしょうか。作者自身が直すことにしたのだから、その決定を尊重すべき、という**「作者の意図」**を大事にする考え方です。

実際、制作の途中やあとから作者が絵を修正することはよくあります。かのレオナルド・ダ・ヴィンチは、『モナ・リザ』を10年以上もの長い間手元に置いて何度も描き直したと言われています。モナ・リザは4層になっていて、いまわたしたちが見るモナ・リザは上描きされたものであることが調査でわかっています。

現在の4層目のモナ・リザの下には、もっと若い女性のすがたを描いた絵

レオナルド・ダ・ヴィンチ『モナ・リザ』
（1503-1506年頃／ルーヴル美術館蔵）

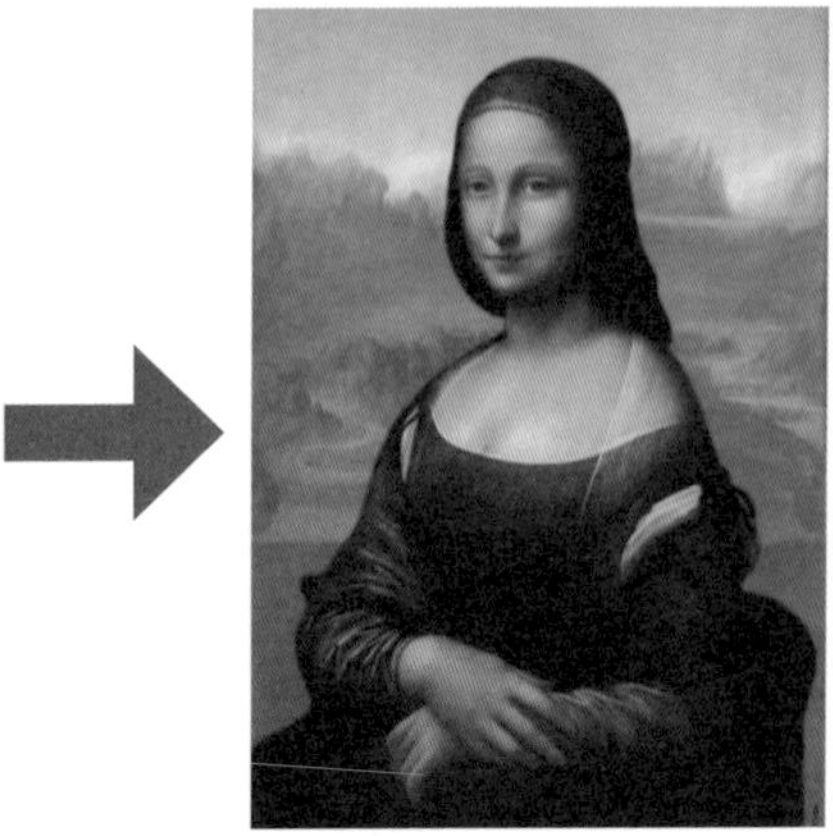

BBC の YouTube チャンネル『New evidence that the painting in the Louvre may not be the original Lisa - Secrets of the Mona Lisa』より　©BBC

がねむっているらしく、コンピューターグラフィックスで復元した3層目を見ることができます（写真右）。しかし、もとの絵があるとわかっていても、ご存知のとおりモナ・リザは最初のすがたには「修復」されていません。①の立場であればこのモナ・リザはすでにオリジナルの状態ではないわけですが、作者が手を加えたなら、むしろ**「最後に手を加えた状態」**が**「本当のすがた」**だと考えることもできます。

では、③画家の死後に、教会

が絵柄を修正した層はどうでしょうか？　死後に修正をしているので、作者の意図ではありません。では教会の修正は「本当のすがた」ではないので取り払って修復したほうがよいでしょうか？

ここでもう一度考え直してみたいのは、この絵がつくられた目的です。この絵は教会の依頼を受けて、教会のために描かれたもの、つまり、現代的に言うなら「クライアント」がお金を出してつくらせたものです。しかもその絵柄には宗教的なまちがいがあった。**クライアントがお金を出してつくらせた作品にあとからまちがいが見つかったら直すのは当然**ではないでしょうか？　いくら作者がそう描いたといっても、宗教的にまちがった絵をそのままにしておくのは問題がありますし、作者もうっかりしてしまっただけかもしれません。絵がつくられた目的から考えると、正しい絵柄へと教会が修正した、③が「本当のすがた」ではないでしょうか？

最後に④の戦争被害への加筆を残すか、それを取って③まで戻すか、の場合に問題になるのは、「なくなった部分の修復」です。

オリジナルからなくなってしまった部分をそのままにしておくのか、つけ加えるのか？　もともとそこにどんな絵があったのかわかっているなら、ちゃんとつけ加えて「本当のすがた」にするほうがよい気もしますが、もとの絵柄のはっきりした記録が残っていない場合は問題です。そこにはどうしても修復者の推測が入ってしまいますし、今回の場合では教会スタッフの描き足しで右側が明らかに拙い絵になってしまっています。専門家ではない人が推測して絵柄を追加した部分を「不純物」と考えるのか、「本当のすがた」に近づくための修復だと捉えるか？　その線引きはなかなか難しいのです。

たとえば、有名な『ミロのヴィーナス』について考えてみましょう。この作品は現在腕がない状態になっていますが、もともとはちゃんと腕があったことがわかっています。しかし、美術館はこれに腕をつけ加えて修復しようとはしません。ミロのヴィーナスに関しては、これまでにも、色々な修復案が出されてきたのですが、腕があった頃どんな状態だったかの推測には色々な意見があり、どれともはっきり言えないので、そのままにされているわけです。腕があったことはわかっているけれど、**まちがった腕をつけるくらい**

ドイツの考古学者、アドルフ・フルトヴェングラーによる『ミロのヴィーナス』の両腕復元像

現在の『ミロのヴィーナス』(ルーヴル美術館蔵)

ならつけないほうが「本当のすがた」に近い、と考えているわけですね。

なくなった部分の修復、ということは、色も問題になります。絵の具は時間が経つと色が退色したり、剥げてきてしまいますが、そういう部分を時々塗り直すのは当たり前にも思えます。しかし実際には、もとの色に塗り直せばいい、とはかならずしも考えられていないようです。

ギリシャ彫刻といえば、わたしたちは真っ白な大理石の彫刻

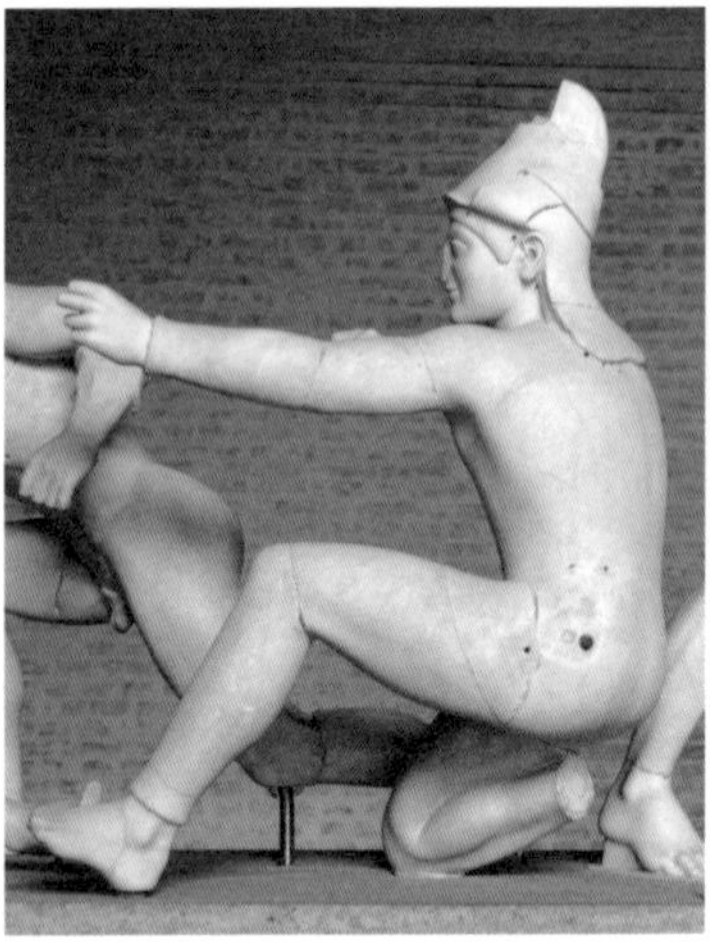

トロイの木馬の射手の像。左がオリジナル、右が色を復元したもの（写真左：BibiSaint-Pol）（写真右：G.dallorto／イスタンブール考古学博物館蔵）

を思い浮かべます（写真左）。しかし研究によると、それが「現役」であったギリシャ時代には鮮やかな色に塗られていた、と言われています。写真右が顔料の分析に基づいて色を復元した像です。

これだけちがうとだいぶイメージが変わりますよね。色のないほうに慣れているわたしたちから見ると、色の鮮やかなほうがどうも安っぽく思えたりするから不思議です。もとはこうだった、と見せられても、やっぱりわたしたちの多くが見慣れ

た白いギリシャ彫刻のほうが美しい、と思うのではないでしょうか。

また、「なるべくもとのすがたに戻す」ことが修復だと考えるなら、当時の絵の具や着色法とはちがう現代の絵の具を使って色を鮮やかにすることがはたして正しいのか、そうしてもやはり「もとのすがた」にはならないのでないか、という問題もあります。

こんな風に、実は**アート作品は環境や時代の変化とともに形も色も移り変わっていくもの**なのです。

そして、どの時点のすがたが「本当のすがた」か、というのは自明ではありません。みなさんがよく知っている有名な作品の多くが、これまでにたくさんの修復を経てきていますが、その修復は（誰かのいたずらやわざと壊されたりしたものでなければ）その都度「本当のすがた」に戻すことを目指して行われています。

「修復」には、時代や地域により作品のどの状態を「本当のすがた」だと考えるか、という価値観が映し出されます。それは常に一定ではなく、時代とともに変化します。「本当のすがた」という理想も「真」「善」「美」のように永遠に変わらないものではなく、時代や地域とともに変化するのです。そしてそれに合わせて修復の方法もスタンスも変わるため、作品の実際のすがたも時代によってかなり大きく変わってしまっているのですが、わたしたちはアート作品を「いつも変わらぬすがた」だと思い込んでいます。

世界で最も有名な絵画にさえ、修復による大きな変化があります。その作品とは、レオナルド・ダ・ヴィンチの『最後の晩餐』です。

レオナルド・ダ・ヴィンチがこの絵を描いたあと、何度も修復が行われています。最初の修復はもうひとりのルネサンスの天才、ミケランジェロが手がけました。しかしミケランジェロともあろう芸術家が、ここでミスをしてしまいます。ダ・ヴィンチはもともとテンペラ絵の具というもので『最後の晩餐』を描いていたのですが、ミケランジェロはてっきり油絵の具だと思い

込み、油絵の具で描き足してしまったのです。
ミケランジェロのあと、また別の画家がミケランジェロの修復をいったん消したにもかかわらず、ほぼ同じように今度も油絵の具で上描きしました。その後、戦時下でさらに絵が破損し、破損してしまった部分の修復が何度か行われています。

最新の修復は、1978年から1999年にかけてのもので、当時の最先端の科学的な分析を用いながら、できるだけダ・ヴィンチのオリジナルの『最後の晩餐』に近づけようという修復が行われました。アート解説で人気のYouTubeチャンネル「Little Art Talks」のカリン・ユエンさんによると、

「赤外線反射鏡や顕微鏡でのコア試料などの科学鑑定を行い、絵画の原型を判定して研究することに成功しました。化学分析の結果、過去の修復で上塗りされた絵の具が、レオナルドの使った元の絵の具を侵食しているとわかりました。絵の具が剥落した部分は、レオナルドの絵の具もろとも剥がして

修復前

修復後

レオナルド・ダ・ヴィンチ『最後の晩餐』(1495-1498年/サンタ・マリア・デッレ・グラツィエ教会蔵)

いたのです。
レオナルドが１４９８年に作品を完成させた後に行われた、すべての修復作業の際に使われた絵の具は、すべて落とされることになりました。顕微鏡カメラで絵の具が上塗りされたであろう部分を最大限に拡大させて正確に割り出し、赤外線反射鏡で、重なった絵の具の下にレオナルドの原画を見つけ出しました。コアサンプルは、研究室に持ち込まれて、原料と色を分析しました」

こうしてあの有名な『最後の晩餐』は、いまわたしたちが見るようなすがたになりました。しかし、いくら科学的に慎重に修復されたにしても、すでになくなってしまっていた部分についてはあくまでも予想でしかありませんし、修復には現在の材料を使うしかありません。この最後の大がかりな修復ではたしてダ・ヴィンチが描いた「本当のすがた」に近づいたのでしょうか？　それとも手を入れるたびにむしろ「本当のすがた」から離れてしまっているのでしょうか？

実際、修復された絵画が公開されると、賛否両論が巻き起こりました。

「21年にわたる修復作業のあと、作品はついに公開されることになりました。公開されると、劇的な色彩の変化や、顔の形の変化が革新的だとの称賛もあれば、修復に使われた絵の具をすべて取り除いたり、水彩絵の具を原型を留めない部分に使ったのは正しかったのかなどの論争が起こりました」（カリン・ユエン）

アート作品も時間とともに変化します。そのどれかが「本当のすがた」でどれかが偽りのすがただと決めること自体に無理があるのかもしれません。

そう考えると、スペインであの信者のおばあちゃんが信心深さから描き直した教会の絵も、まちがった修復だと言い切ることもできないのではないでしょうか？　古ければ古いほど「本当のすがた」に近いわけではありませんし、そもそも経年変化を避けることができないのだとしたら、かつてのすがたとは変わってしまったとしても、「いまの状態こそ常に本当のすがた」だと

言えるかもしれません。

そもそも、アート作品はでき上がったあとだけでなく、つくる段階でもどんどん変化していきます。素材の制約や制作上のトラブルなどによって、もともと作者が計画したとおりには進まないのです。

たとえばシドニーのランドマークであるオペラハウスは、最初に計画されたとおりにはつくれませんでした。屋根のカーブが構造的に不安定で施工不可能だったからです。そこでＰ１８６のように修正されました。**アートはそもそもそれが物理的実体として生まれ落ちる時点から、モノの特性として変化する宿命を負い、常に時間とともに移り変わっていく**のです。

特に現代アートでは、そもそも定まった形がある作品ばかりではなく、展示中もどんどん変化するような作品のほうが多くなってきています。これもまた、アートの価値観の変化の表れであり、**現代のアートはますます静止した完成形を持たなくなってきている**のです。そもそも動的な現代のアート

において、「本当のすがた」とはいったいどの瞬間のものでしょうか？　そしてその保存や「修復」とはいったいどのようなものになっていくのでしょうか？

ヨーン・ウツソン

『シドニー・オペラハウス』

シドニー・オペラハウスの原設計案（中）は実際には施工不可能なため下段のように
修正されました。最初のスケッチ（上）を含め、
この中のどれがいったい「本当のすがた」なのでしょうか？

上・中＝1958年・レッドブック、下＝1962年・イエローブックより　すべて ©The Utzon Archives / Utzon Center

10

アート・シンキングのキーワード

「変化」

「美」に結びつけられることが多いアートですが、実はアートは「真」「善」「美」のような、不変的/普遍的な価値を常に目指すわけではありません。佐々木健一の『美学辞典』によると、アートは「予め定まった特定の目的に鎖されることなく、技術的な困難を克服し常に現状を超えでてゆこうとする精神の冒険性に根ざし」とあります。その価値基準はほかのどんなものよりも変化し続けており、変化し続けることこそがその価値だと言ってもよいほどです。たとえばいまでは美の巨匠とされるピカソやマティスの作品は、発表された当時には醜いものとして酷評されました。

「アートは永遠」とも言われますが、実際に作品は、修復によってその時々の理想のすがたに変化します。アート思考は「変わらない理想」を追い求めるのではなく、むしろ変化を受け入れる動的なマインドをアートから学ぶのです。

（『ハウ・トゥ・アート・シンキング』10章参照）

WORK 11

アートは「お持ち帰り」できる？

WORK 11

あなたは美術館の学芸員（キュレーター）です。あるストリート・アートの作品を購入し、美術館に収蔵することになりました。さて、作品をどんな風に持ち帰り、どうやって展示しますか？

【　この問題は自由記述式です　】

国境の壁にシルバーのインクで
スマイルマークを描いた作品『reflextion』

作品の「持ち帰り」案を考えたら次のページに進みましょう。

解説編

Commentary

2019年に東京都の防潮扉にバンクシーの作品に似た絵が発見され話題になりました。そしてこのバンクシー作品(?)が描かれていた防潮堤は一部切り取られ、東京都庁の一室で展示されたのです。

今回のワークのテーマは、いったいアート作品はどこまでが「作品」なのか?ということです。

ワークの設問に出てくるストリート・アーティストは、国境の壁にペイントして作品をつくりました。この作品を単なる絵画作品だと考えれば、ちょうど都庁に「持ち帰り」されたバンクシーのねずみのように、描かれた部分

写真：YUTAKA/アフロ

だけを切り取るか剥がして「持ち帰り」し、美術館に展示するというアイディアもあるでしょう。

しかし、問題は、本当に絵の部分だけ持っていけば作品を持って帰ったことになるのか、ということです。

パブリック・アートやストリート・アートなど、アトリエや美術館に展示されるのではなく、市中につくられるアートがあります。こういったアート作品の多くは、「それがどこにつ

くられているか」ということ自体に重要な意味があります。たとえば今回の作品も、「国境の壁」という特殊な場所に描かれたからこその意味があるかもしれません。

特定の場所につくられていることに意味がある作品を、そこから切り離して「持ち帰り」、美術館に収蔵することに意味があるのか、というのはなかなか難しい問題です。

実は、近代までのアートは比較的「作品はここまで」という境界がはっきりしていました。たとえば絵画の額縁や彫刻の台座は、作品と作品以外の世界の境界をくっきり示しています。

しかし、現代アートではその境界はますますアイマイになってきています。というよりむしろ、意図的にアイマイにされているところがあるのです。

美術館のキュレーターであるあなたは、どうにか作品を持ち帰らねばなり

ません。壁のレンガの傷みや汚れが国境のものものしい空気をどうにか伝えてくれることに期待しつつ、（東京都庁のバンクシーのように）とりあえず壁を一部分だけ切り抜いて持ち帰ることにしたとしましょう。

そこであなたはまた悩みます。いったい国境の壁のどこまでを切り取るべきなのでしょう？　ペイントのある部分から50センチメートル四方くらいで十分でしょうか？　それとも1メートル？　いや、10メートル？　そもそもどこまで切り取るかをどうやって決めたらよいのでしょう？

概念的に言えば、「作品」だと思われる部分（あるいは作品のよさが十分に伝わる部分）までを切り取ればよいことになります。しかしそれを（作者でもない）あなたの感覚で決めてよいのでしょうか？

切り取る範囲を決められないとしたら、（現実的にはかなり難しそうですが）仮に国境の壁のすべてを移設できれば、それで十分でしょうか？

しかし、それでもまだ十分とは言えないかもしれません。たとえ巨大な壁ごと移設したとしても、静かで小綺麗な美術館の中でこの壁に対峙することと、実際に現地の空気の中で作品を味わうのとでは、まったく異なる体験になるにちがいないからです。この作品の鑑賞体験は、ペイントされた壁を見るだけではなく、壁の周辺の街並みや空気を味わうことも含まれています。

もしかすると、そうした周辺の雰囲気をなるべく丁寧に伝えるためには、壁を移設するのではなく、現地の写真を撮って展示したほうがいいかもしれません。しかし、美術館で写真を見ることで、「ホンモノ」の作品鑑賞と言えるでしょうか？

作品には「reflextion」というタイトルがつけられていました。国境を巡る紛争の歴史への「反省」という意味が込められていると思われますが、あなたは reflextion にもう1つ、「反射」という意味もあることに思い至ります。そこであなたはスマイルマークがわざわざピカピカ光るシルバーのペンキで描かれていることの意味を考え、改めて作品を見てみました。

スマイルマークは、国境を警備する兵士や、作品を鑑賞している観光客のすがたを映し出しています。作品を見る人は平和の象徴のようなスマイルマークの中に、不穏な現地の様子をダブらせて見ることになるでしょう。しかもそれだけでなく、それを「鑑賞」している自分や他の観光客の顔も並んでいるのです。作品は環境や鑑賞するという行為自体を「反射」している。言い換えるなら、この作品は、環境のみならず、鑑賞者の行動、表情までが作品に含まれている、とも言えるのです。

あなたはさらにアタマを抱えてしまいます。これではますます、描かれた壁を作品として「持ち帰り」すればいいというわけにはいかなくなってきました。

国境警備隊と、それに監視されながら作品を鑑賞したり記念写真を撮ったりしている観光客。そういうものも一緒にスマイルマークの中に映り込んだ瞬間を捉えるほうがこの作品の面白さが伝わると考え、あなたは何度も写真を撮り直してみます。

現地を行ったり来たりしながら、作品の展示方法について悩み、何度も写真を撮り直すうち、すっかり日が暮れてきてしまいました。そこでまた、あなたは新たな問題に気づきます。

それは、時間の変化です。

昼間は太陽の光を反射して、ピカピカと強い光を照り返していたスマイルマークは、夕方にはオレンジ色に染まり、夜になると真っ黒なくぼみのようにしか見えなくなってしまいました。そこでまたあなたははっとするのです。

はたしてこの作品は、いつのすがたを展示すべきなのだろう?

いや、むしろ、いつを切り取るか、という問題ではないかもしれません。作者は、こうした時間による表情の変化までを作品に含める意図でわざわざシルバーのペイントにしたのかもしれないからです。だとすると、時間による変化の面白さも伝えないとこの作品を展示したとは言えないのではないで

しょうか？

少なくとも壁を移設して美術館の屋内に飾ってしまうと、環境や時間による作品の変化の面白さはまったくなくなってしまうでしょう。人々の往来や天気や時間帯の変化のような**動的な作品の面白み**をいったいどうやって伝えればよいでしょうか？

バンクシーにもパレスチナ市民の運動をモチーフにベツレヘムに描いた作品（Ｐ２００写真）がありますが、そもそも特定の場所のためにつくられたパブリック・アートやストリート・アートをそこから動かしてしまうのは、作品を壊すことかもしれません。

また、観客の関与によってインタラクティブに変化するようなアート作品の場合、作品を鑑賞者との関係から切り離してしまうと、そもそも作品の面白さがなくなってしまいます。美術館に「持ち帰り」するにせよ、個人が購入して自宅のコレクションとして所有するにせよ、観客を失ったインタラク

写真：Michael Thomas / Alamy Stock Photo

ティブ・アートは、作品としては「相手のいない鬼ごっこ」のようにつまらないものになってしまうかもしれません（たとえば、P201のオラファー・エリアソンの作品では鑑賞者がいることではじめて光と影の豊かな表情が生まれます）。

コンピューターやデジタルメディアを使ったメディア・アートには、イベント的に発生する表現や時間とともに変化するアート作品もたくさんあります。

このように、現代アートでは、

オラファー・エリアソン『あなたに今起きていること、起きたこと、これから起きること』(2020年/写真:Kazuo Fukunaga)

描かれた部分だけが作品なのではなく、

①作品がつくられる場所
②観客との相互作用
③動きや時間的変化

これら①〜③が作品の中に含まれていることが多く、現代アートのそうした新しい要素が実はアート作品の「持ち帰り」をますます難しくしています。これは美術館やギャラリーの収蔵や展示にとっても悩ましい問題ですが、作品を「売りづらい」という意味でアーティスト自身

にとってもなかなか悩ましい問題です。

アート作品に額縁や台座があった時代は、ある種とてもシンプルな時代でした。作品はここまでですよ、という境界がはっきりして安定的だったからです。しかし、アートがずっとそうだったというわけでもありません。さらに古くはアートは壁画や教会美術のように場所と一体化していて、やはり持ち帰りづらいものでした。『最後の晩餐』もまた美術館には収蔵できないのです。

このように考えれば「作品の境目」はアート作品にとって常に安定したものではそもそもなく、むしろ額縁や台座のような「境目」こそが人為的な「持ち帰り」の工夫だった、と言うべきかもしれません。

ちなみに、近代は「持ち帰り」しやすかったアートがこんなにも「持ち帰り」づらいのは、何も現代芸術家がうっかりして額縁や台座をつけ忘れてしまったからではありません。

そうではなく、アート作品の境界をアイマイにすること自体が、過去の常識を乗り越えようとする新しいアート的な試みなのです。

特定の場所のためのアートは「サイト・スペシフィック」なアートと言われます。これは作品の主題そのものに「場所」の意味性が含まれ、作品自体が置かれた場所と溶け合っており、「ここまでが作品」という風に線引きできるものではありません。

その反対が「ホワイトキューブ」という近代に確立された美術館のスタイルです。多くの美術館では何もない真っ白な空間にアート作品がぽつんと観賞用に置かれます。アート作品だけを「純粋に」鑑賞（観照）しようという、近代的なアート体験の理想のために、周りの雑音をなるべく排除して、「作品だけ」を見られるように考えられた装置がホワイトキューブなのです。しかしそれはたとえるなら、実験室が自然世界ではあり得ない人為的な環境であるのにも似て、人工的に捏造された「純粋」であり、むしろ不自然なものだと言うこともできます。

①パブリック・アートやストリート・アートは、作品の**「自立性」**という常識を疑います。作品はここからここまで、と外部から独立して存在するという近代的な考え方や、その純粋な鑑賞を目指すアートの価値観を乗り越える挑戦として、あえて作品の境界をアイマイにしているのです。

また、②インタラクティブなアートは**「作者性」**の常識を疑います。「アート作品は作者のもの」という考え方は、いまなお多くの人に素朴に受け入れられていますが、これも実は近代につくられた1つの信仰に過ぎません。マルセル・デュシャンは、

「芸術作品はつくる者と見る者という2本の電極からなっていて、ちょうどこの両極間の作用によって火花が起こるように、何ものかを生み出す」

と言いましたが、アートはそもそもそれを鑑賞する人がいなければ価値が生まれませんし、**見る人との相互作用によってはじめて体験が成立する**ものです。インタラクティブ・アートはこのことを主題化し、自覚的に作り手と

受け手の区別をアイマイにしているのです。

そして③メディア・アートはしばしば、作品の**「完結性」**という常識を疑います。それは動きや時間的変化を積極的に取り入れ、作品はある時点で固定され完結する、という価値を転覆します。修復についてのワーク10で見たように、アート作品は、時間とともに変化していくにもかかわらず、「変化しない永遠なもの」と考えられがちです。しかし実際には音楽を完全に楽譜に焼きつけることができないように、アートの体験もまた静止したものではありません。動きや変化のある作品は、静止した完成のイメージをアイマイにします。

このように現代のアートは、さまざまな仕方で「作品」の境界をアイマイにし、それによって近代的なアートの概念を疑います。そして、**作品が独立し作者の意図によってのみ完結して存在するのではなく、世界や鑑賞者と溶け合い影響し合いながらつながっている、**ということをわたしたちに教えてくれます。

これはわたしたちの生活や仕事にも当てはまります。わたしたちの生活も、「ここからここまでが自分で、あとは外」とはっきりと周りと切り離すことはできません。一見つながっていないようなことにもつながりはあり、**「自分」という存在は周りとの相互作用と関係性の動的なバランス**の上に成り立っていて、独立したものとして切り出した瞬間に別ものになってしまいます。それは近代的な「個」のあり方とはちがい、境界がよりアイマイな現代アートのあり方にどこか似ています。

「アート思考＝自分起点」と言うと、「自分」は周りから自立しており「自分」のやりたいことだけすればいい、と閉じた意味に誤解されがちです。しかし**アートとは本来、開かれたもの**です。現代アートが気づかせてくれるように、実はそこにはっきりと不動の線を引くことはできません。**「自分」とは、わたしたちをとりまく環境や時代とつながりながら、常に動的に変わっているの**であり、**変わっていく自分と出会い直し続ける**ことこそが、アート思考的な「自分」のあり方なのです。

クリスト＆ジャンヌ=クロード

『梱包されたライヒスターク』

ランドマークの建物をまるごと「梱包」するという大胆な作品。この作品の中には「ライヒスターク」も含まれるのでしょうか？　どうしたらこれを展示できるのでしょうか？

（1995年／写真：ロイター/アフロ）

11

アート・シンキングのキーワード

「中動態」

アート作品とは作者がつくったものであり、その意味を作者の意図に還元する考えはいまもまだ根強いものですが、アート作品は作者だけのものでも、それ単体で成り立つものでもありません。そもそも、アートは観客によって体験されなければ成り立ちませんし、作品はその土壌となる社会や時代との相互作用によって生み出されます。芸術家は自分が思うとおりに作品をつくるのではなく、つくる過程の中でさまざまな刺激を受けて変化しながら、作品を生み出していくのです。そして作者は作品の制作によって変化し、作品によって改めて作者としての「自分」に出会い直します。このような相互作用的なあり方が「中動態」です。企業や個人も実はそれと似ていて、事業を通じた社会とのつながりの中で変化し、それによって新たな自分を見出す動的なプロセスなのです。

(『ハウ・トゥ・アート・シンキング』11章参照)

WORK 12

作品をつくろう

WORK 12

この本を使って「あなたならではの写真作品」をつくりましょう。

写真にはかならずこの本を入れてください。本をどんな角度で写真に入れても、どんな場所でもOKです。撮り方を工夫して、他の人とはちがう、あなたなりの写真表現をつくってみてください。

写真作品ができたら次のページに進みましょう。

解説編

Commentary

いよいよ最後のワークまでやってきました。

ここまで色々なワークをしてきて、だいぶモノの見方が変わり、芸術家のようにユニークな見方ができるようになったでしょうか？

最終ワークは**「自分らしい作品」を自分で「つくる」**という、最も自由度の高いお題です。

本をどんな角度から撮る？

全体を入れる？　一部分だけフォーカスして撮る？　逆さにする？　それとも思い切ってビリビリにやぶる？

カラー？　白黒にする？　ぼかしやフィルターを使ってみる？

屋内で撮る？　屋外で撮る？　ちょっと不思議な場所に置いてみる？　それとも自撮りと一緒に？

どんな風に撮ったら「自分らしい写真作品」になるでしょうか？

アングル、サイズ、色、周りの環境、時間帯、かけ算すれば、表現の可能性はそれこそ「無限」です。

その無限の中から、自分なりにどうにか1つだけの表現を選び出していきましょう。それが「作品をつくる」ということです。

そしてこれまでのワークで見たように、そこには何か普遍的・不変的な1つの「正解」があるわけでもありません。

たまたま撮ったアングルがなんか好き、とか、失敗したと思ったけどより面白い絵になった、とか、撮っているうちにこんなのどうかな、と新しいアイディアが湧いてきた、とか。つくっていきながら、変化しながら、思いもよらない作品に出会っていくのを楽しめたら、それが何よりこのワークの成果であり、アート思考なのです。

そして作品ができ上がったらハッシュタグ「#アート思考ドリル」をつけてSNSに投稿し、検索して他の人の作品もぜひチェックしてみてください（気に入った作品には「いいね！」をしてみましょう）。誰かに見てもらってこそ作品です。

他の人の作品には自分とはちがったアイディアがあります。ちがった視点の**作品に出会うことで触発され、その反応からまたあなたの中に新しいアイ**

ディアが湧いてくるでしょう。そうしたらまたぜひ、別の写真作品を撮ってみてください。

アートはそんな風に、それを見た人にインスピレーションを引き起こしてつくるきっかけを与えます。そしてまた1つ作品ができ、それに触発されて、あなたはまたいつの間にか次の作品をつくりたくなるでしょう。

それはちょうどバトンのようでもあり、作品を介したコミュニケーションでもあります。**アート作品は1つ1つが独立した作品のようですが、触発の網目としてそれぞれがつながり、そして世界とつながって**います。

そういう世界とのつながりの中で、他の誰ともちがう、自分だけの作品をつくろうとすること。そう、**「自分だけの作品をつくる」ことこそが、アートの一番大事なこと**なのです。

このドリルを通じて色々なワークをしてきました。それは、最後に「自分

だけの作品をつくる」ことのためのステップでした。いきなりゼロから自由につくってみてください！と真っ白な紙を渡されると何をつくればいいか途方に暮れてしまうので、階段をのぼるように1つずつ練習しながら、最後には自分の作品をつくるところまで来たわけです。

自由は無限の可能性であり、だからこそ不安なものです。**でもその無限の可能性と不安の中に一歩踏み出してつくってみる、それこそが、自分起点で価値をつくり、人生を楽しむアート思考の真骨頂**なのです。

ポエティック、という言葉があります。「詩的」と訳されますが、アート思考的な人やその仕事には、みなどこかポエティックな雰囲気があります。そしてポエティックという言葉の語源はまさに「つくる（ポイエーシス）」という言葉です。

大人になると、何かを「つくる」機会は減ってしまいます。そしてだんだんと「つくる」こと自体が怖くなってきてしまいます。踏み出すのが怖くな

るとますます誰かが決めた当たり前やすでにある価値観に合わせて、自ら「つくる」ことをやめてしまいます。

「子供は誰でも芸術家だ。問題は、大人になっても芸術家でいられるかどうかだ」

そうピカソは言いました。

小さな子供に紙とペンを渡すと考えるよりも早く、思うがままに色を塗り出します。色を塗るだけではなくやぶったり、くしゃくしゃにしたり、口に入れたり……、どんな風にしてもいいのです。そういう楽しみを思い出しましょう。

芸術家は「自分だけの作品work」をつくり出します。わたしたちの仕事workも、与えられたりこなしたりするだけのものではありません。

そこには開かれた可能性があり、これからまだまだたくさん、「自分だけのwork」をつくり出すことができるはずです。

そう考えるとワクワクしませんか?

「アート思考＝芸術家のように考える」とは、常識に縛られず、自分らしい視点で物事を見つめて価値を捉え直し、その無限の可能性にワクワクしながら自分の人生それ自体をつくっていく、そんな生き方のモードなのです。

ここにはあなたの作品が入ります。

アート・シンキングのキーワード

12 「触発」

最後のアート・シンキングのキーワードは「触発」です。アートの「触発」はたとえば指示記号やデザインにおけるアフォーダンスのようにすべての人に同じ行動を促すのではなく、見る人によってバラバラの反応を引き起こします。アートは「正解」をくれませんが、大きく人の価値観をゆさぶります。それはハンドルではなくエンジンであり、予め方向づけられていない行き先不明の「自分」起点のエネルギーを生み出します。それゆえアートの触発は、完全にはコントロールができず、不確実性や多様性を増やすものでもあります。またアートの「触発」は、それに触れ感染するとどこかでいつか発症し、次々と創造のエネルギーの連鎖を引き起こします。こうしてアートは感染するように多くの人の人生を変え、世界を変えていくのです。

（『ハウ・トゥ・アート・シンキング』15章参照）

チェックアウト

Check Out

みなさん、おつかれさまでした！

『アート思考ドリル』、いかがでしたか？

楽しかった？　疲れた？　なんだかモヤモヤする？

そうですね。わかったような、わからないような感じで、なんだかモヤモヤしますよね。

この本には「ぐんぐん正解がわからなくなる！」という副題がつけられて

います。普通の学習用ドリルは「ぐんぐん正解がわかる！」というのが売り文句ですから、真逆ですね。

だから、もしいま、あなたが正解ってなんだろう、とモヤモヤしたりアタマの中がぐるぐるしているのなら、それはこのドリルを思いっ切り楽しんだ、ということです。トレーニングをすると一度筋肉痛になって、それからだんだん力がついていくように、いまモヤモヤがあるほうが、アート思考の力がつくのです。

最後に、ドリルの中でやったワークを頭から振り返ってみましょう。

最初のワークは**「ＷＯＲＫ１　２枚のカード」**でした。２枚のカードはどんな形をしているか、本当は色んな可能性があるのに、思い込みで想像力にフタをしてしまう、ということに気づくワークでした。

次のワークは**「ＷＯＲＫ２　点を結ぼう」**。とっても簡単な問題に見えま

すが、実は「解けない問題」である不良設定問題について考えました。

「WORK3 どんな「感じ」?」。これは擬音語や擬態語という慣れない言葉を使い、カラダの感覚を頼りに五感の翻訳をする訓練でした。

「WORK4 楽譜で歌おう」もその続き。視覚と聴覚という別の感覚をどう翻訳するかということ、そして楽譜は完全なものではなく、余白や遊びがあるからこそ音楽は楽しい!ということを学びました。

「WORK5 まちがいさがし」は見ているようで実は見ていない、そんな透明な存在に気づき、「当たり前」を疑うためのワークでした。

後半のワークでは、アート作品にまつわる色々なシチュエーションを設定してアートのあり方について考えてきました。

「WORK6 絵画か彫刻か、それが問題だ」では、アートのジャンルに

ついて考えました。

「WORK7　題名のない美術館」では題名によってアートの体験がどんな風に変わるかを、

「WORK8　5枚のモナ・リザ」ではアートの価値が何で決まるかを、

「WORK9　Art or Not?」ではいったい何をアートにし、何をアートにしないのか分類し、その理由を考えました。

「WORK10　修復も色々」ではアートは変化していくものだ、と学び、

「WORK11　アートは「お持ち帰り」できる?」では、「作品」の境界について考えました。

WORK6〜11からは、**アート作品はそれだけで自立したものでも、作**

者だけのものでも、固定的なものでもなく、その定義や境界はアイマイで、世界との関係の中でモヤモヤ、ぐらぐら揺れ動きながら変化する、ということを感じてもらえたはずです。

そして最後のワーク。**「WORK12　作品をつくろう」**では締めくくりとしてあなた自身の作品をつくってもらいました。

アタマを柔らかくするところから、「つくる」ところまで、実際にやってみて、何か変化はありましたか？

■最後の振り返りとして、チェックインのパートで最初にした2つの質問にもう一度答えてみましょう。

1　アートは好きですか？

2　「アート」と聞いてイメージする形容詞はなんですか？　3つ挙げましょう。

書き終えたら、あなたがこのドリルをはじめる前に書いたものと見比べてみてください。何か変化はありましたか？

このドリルをすることで、もし1の答えが「好き」「大好き」に変わった人がいたらとてもうれしいです。

もし、まだ好きになるところまではいかなくても、みなさんのアートに対するモードは、かならず大きく変わっているはずです。次は美術館や劇場に行って、実際にアートを体験してみてください。

きっといままで見方もわからず退屈なだけだったアートを、あなたなりに楽しめるようになっているはずです。そしてアートが面白くなると、あなたのアート思考力はこれからもぐんぐんのびていくでしょう。

このドリルのワークはひとりでやってみるだけでなく、みんなでやって答えを見せ合ったり、感想を言い合ったりするともっと効果的です。

そのために、子供から大人までできてお互いの意見を言い合えるような、なるべく簡単なワークをつくりました。もしあなたがこのドリルのワークを楽しんだら、今度はぜひ家族や友人とも一緒にやってみてくださいね。

その時も大事なのは、

楽しむこと。

みんなと答えがちがってもいいんです。だってそもそも、正解はないのですから。それぞれが自分のアタマとカラダで考え、自分なりの答えを「つくる」ことが大事なのです。

このドリルを通じて、芸術家のように考え、自分らしい価値を「つくる」ことができる人がひとりでも増えたら、世の中はもっと面白くなるはず。

さあ、**アート思考で世界をもっとユニークに**していきましょう！

おわりに

前著『ハウ・トゥ・アート・シンキング』の出版から1年ちょっと、まさかこんなにすぐ次の本を書くとは思っていませんでした。前著を出版してみて、読んだみなさんから「アートってよくわからなかったけど、自分なりに面白がっていいんだね！　早く言ってよ！」という声を想像以上にいただき……それがこの本を書くきっかけになりました。

そう！　アートって面白いんです！

アートというと美意識とか教養とか、うやうやしく扱うものというイメージがあるかもしれませんが、僕はそうは思いません。ピカソをはじめ、いま「美の巨匠」とされる大芸術家も、当時は常識はずれでいかがわしい「ヤバい人」……アートの体験に大事なのは、そんな「常識をゆらす」アートの「ヤバさ」を面白がることだと思っています。

実はこの本、書きはじめてみると文章が湧き水のように出てきて、初稿はなんとたった3週間で書けてしまいました。ワークショップや活動での蓄積

があったこともありますが、実はこれこそ「ずっとしたかったこと」だったと書いてから思い出しました。

10年ほど前、ハーバード大のマイケル・サンデル教授の『JUSTICE（正義）』と題された授業が話題になりました。正義や倫理について一方的に教えるのではなく、「自分なりの正義」について考えさせる授業。当時の僕はそれを見て興奮し「アートでもこれがしたい！」と強く思ったのです。

参考文献リストからわかるように、この本のベースには、僕の人生を変えてくれた「美学藝術学」という学問があります。だからこの本は僕なりの「アートへの招待」そして「美学への招待」だとも言えます。

実はこの本のワークには実際のアート作品がほとんど出てきません。まず自分のアタマで考えてもらい、「解説編」でやっと実際のアート作品を紹介しています。それは作品を知る前に「自分なりの面白がり方」を考えてほしかったからです。

結果として年代を問わず楽しめるワークになったと思うので、学校やワークショップで自由に使っていただいて構いません（ただ、この本からの引用ということだけはご紹介くださいね）。またワークショップや講演などアートを広める活動で若宮へのご相談があればお気軽にご連絡ください。

最後に、前作に引き続き「正解がわからなくなるドリル」という、ちょっと変な本づくりに辛抱強く伴走してくれた編集・白戸翔さん、そしてすべてのアートに関わるみなさまに、最大限の敬意と感謝を。

〈参考文献リスト〉

坂本一寛 『創造性の脳科学：複雑系生命システム論を超えて』 東京大学出版会

佐々木健一 『美学辞典』 東京大学出版会
佐々木健一 『タイトルの魔力』 中央公論新社
佐々木健一 『作品の哲学』 東京大学出版会

沼口隆、沼野雄司、西村理、松村洋一郎、安田和信
『楽譜を読む本 〜感動を生み出す記号たち〜』 ヤマハミュージックメディア

山下洋輔、茂木健一郎 『脳と即興性—不確実性をいかに楽しむか』 PHP研究所

生形貴重 『利休の生涯と伊達政宗：茶の湯は文化の下剋上』 河原書店

西村清和 編・監訳 『分析美学基本論文集』 勁草書房

アーサー・C・ダントー、松尾大 訳
『ありふれたものの変容：芸術の哲学』 慶應義塾大学出版会

『ほとんどが後世の描き足し？ ダ・ヴィンチの名画「最後の晩餐」修復の歴史』
https://logmi.jp/business/articles/191769

若宮和男（わかみや・かずお）
起業家（uni'que Founder/CEO）、
アート思考キュレーター、ランサーズタレント社員、一級建築士。

建築士としてキャリアをスタート。その後東京大学にてアート研究者となる。2006年、モバイルインターネットに可能性を感じIT業界に転身。NTTドコモ、DeNAにて複数の新規事業を立ち上げる。2017年、女性主体の事業をつくるスタートアップとして『uni'que』を創業。「全員複業」という新しい形で事業を成長させ、東洋経済「すごいベンチャー100」やバンダイナムコアクセラレーター選出、Work Story Award2018でイノベーション賞を受賞。2019年には女性起業家輩出に特化したインキュベーション事業『Your』を立ち上げ、新規事業を多数創出している。自社事業のかたわら資生堂をはじめ数々の企業内新規事業の外部ブレーンを務める他、ビジネスに限らず、アートや教育など領域を超えて活動。2019年に『ハウ・トゥ アート・シンキング』を出版し、アート思考の第一人者として講演やワークショップを通じ社会にアートを根付かせる活動も行う。

ぐんぐん正解《せいかい》がわからなくなる！ アート思考《しこう》ドリル

2021年4月9日　初版第1刷発行

著　　者　若宮和男
発 行 者　岩野裕一

発 行 所　株式会社実業之日本社
〒107-0062　東京都港区南青山5-4-30
CoSTUME NATIONAL Aoyama Complex 2F
電話（編集）03-6809-0452　（販売）03-6809-0495
https://www.j-n.co.jp/

印刷・製本　大日本印刷株式会社

装丁・本文デザイン
三森健太（JUNGLE）
イラスト　わかる
本文DTP　加藤一来
校　　正　ぷれす
編　　集　白戸翔　塚本莉加（実業之日本社）

©Kazuo Wakamiya 2021 Printed in Japan
ISBN 978-4-408-33971-9（新企画）

本書の一部あるいは全部を無断で複写・複製（コピー、スキャン、デジタル化等）・転載することは、法律で定められた場合を除き、禁じられています。また、購入者以外の第三者による本書のいかなる電子複製も一切認められておりません。落丁・乱丁（ページ順序の間違いや抜け落ち）の場合は、ご面倒でも購入された書店名を明記して、小社販売部あてにお送りください。送料小社負担でお取り替えいたします。ただし、古書店等で購入したものについてはお取り替えできません。定価はカバーに表示してあります。小社のプライバシー・ポリシー（個人情報の取り扱い）は上記ホームページをご覧ください。

JN012721